与最聪明的人共同进化

湿货 CHEERS

HERE COMES EVERYBODY

The Agile Leader

ile Leade

敏捷
领导者

黄灵 古月 译

[捷克]
苏珊娜·索克沃娃
Zuzana Šochová 著

浙江教育出版社·杭州

你知道如何成为创新型领导者吗？

- 领导者完全等于管理者吗？（　）

    A. 是

    B. 否

- 关于敏捷组织，以下哪项描述是错误的？（　）

    A. 一支小船队

    B. 一艘大邮轮

    C. 一窝蚂蚁

    D. 一群水母

- 在敏捷组织中，领导力是由职位赋予的吗？（　）

    A. 是

    B. 否

扫描左侧二维码查看本书更多测试题

敏捷领导者如何引领团队走向敏捷

在过去的 20 年里，一场强大的运动彻底改变了职场。

敏捷是这样一种理念：我们可以将员工置于流程之上，让员工专注于创造价值，在自组织团队中工作，直接与客户合作，以迭代方式构建越来越有用和越来越有价值的产品。许多组织已经发展起来支持这一运动，比如提供敏捷思维和最佳实践培训的 Scrum 联盟。这个运动发展得如此之快，以至于敏捷现在被认为是现代工作场所管理的关键要求。

我很幸运，在早期就接触到了敏捷和 Scrum。在完成了计算机科学的学习后，我得到了越来越重要的职位。成为他人的管理者，让我看到了现代职场的现实，以及在适当的领导下敏捷如何改变一切。

我成为一名布道者，向一家家公司介绍敏捷实践；我同时也成为一名 Scrum 培训师，组织会议，在会议上发言，并最终被选为 Scrum 联盟董事会成员。

作为一名来自欧洲中部一个鲜为人知的国家、染着彩色头发的年轻女子，我是如何做到这一点的呢？当然不是靠运气或一厢情愿。这项工作艰难、棘手，要不断质疑传统观念、提高自己的能力、挑战自我和他人。

我写过一些关于敏捷的博客、文章和书籍，包括《有效管理敏捷团队 快速成为优秀的 ScrumMaster》（ *The Great ScrumMaster ScrumMaster Way* ）一书，其中介绍了我关于仆人式领导的想法和经验，以及如何引导团队走向敏捷。

在这段时间里，我越来越多地被称为敏捷领导者。然而，我不得不反复问自己：成为敏捷领导者到底意味着什么？当我们追求自组织时，却仍需要领导者，这是一种自相矛盾的说法吗？谁是敏捷领导者，敏捷领导者要做的是什么？对这些问题的回答最终促成了 Scrum 联盟中认证敏捷领导项目的诞生。

这些年来，我收集了很多关于领导力的资料，其中大部分内容是常识，也有一些是矛盾的或违反直觉的。很明显，我必须把这些东西都写下来，并按照某种顺序排列。其结果，就是这本书。

这本书并不是一本食谱，不是遵循它就可以将任何人一步一步地转变为一个准备好改变世界的敏捷领导者。相反，你可能会觉得它更像一份套餐或自助餐，从中你可以体验各种敏捷领导力的概念和原则，从而建立一套对你自己有效的工具和技能。没有放之四海而皆准的方法，你的领导风格必须适合你独特的个性、环境和约束条件。本书的目的就是帮助你找到能在你自己的个人旅程中指导你的想法。

所以，请随意翻阅、浏览这本书，选择适合你的方法。也许当你感到困惑，或需要在墨守成规中找到一点灵感时，这本书可以帮助到你。本书涵盖了敏捷转型的练习、评估、示例和真实故事。选择对你有用的东西，并自由跳过那些没用的内容。

最后，敏捷的领导者致力于为组织成员提供一个共同的愿景，并改变组织和文化以实现这个愿景。你将发现大量的想法和技术，并有望得到灵感，在成为敏捷领导者之旅中你并不孤单。

如何阅读这本书

本书分为两部分。第一部分的主要内容是指导你完成成为敏捷领导者的步骤；第二部分将为你展示敏捷组织的不同部分如何工作的实际案例。

第一部分：成为敏捷领导者

- 第 1 章　包括敏捷领导力的基本原因、在组织层面实施敏捷、领导者和管理者的区别，以及为什么成为敏捷领导者对于在组织层面成功实施敏捷非常重要。
- 第 2 章　我们研究了组织的发展过程，从传统组织 1.0 到知识组织 2.0，再到敏捷组织 3.0。
- 第 3 章　我们讨论不同模式和类型的领导者，由此你可以反思自己的风格和偏好。
- 第 4 章　在将组织视为一个系统的基础上，描述敏捷领导力的关键模型。
- 第 5 章　我们聚焦于敏捷领导者的能力素质。这一章的内容，特别是章末的自我评估，向你展示了成长为敏捷领导者的好机会。
- 第 6 章　通过“我”“我们”和“世界”三个范畴来研究高级认知技能和能力。
- 第 7 章　我们聚焦于敏捷组织的设计、架构和文化。

第二部分：引领组织走向敏捷

- 第 8 章 我们将描述在敏捷组织中，高管团队、董事会和首席执行官的角色是如何变化的。
- 第 9 章 我们深入探讨敏捷在人力资源中的实际应用，涵盖招聘、评估和绩效考核、职业路径、薪酬等典型的人力资源功能，并描述敏捷如何改变预算流程。
- 第 10 章 我们研究敏捷组织中常见的实用技巧、工具和实际做法，例如大型团队的引导、系统教练、建立信任、增加透明度，以及组建优秀的团队和社区。

让我邀请你参加这场由我作为主厨精心设计、用以激发敏捷领导者灵感的概念的盛宴。请品尝本书的不同章节，感受各种想法的混合，闻到评估和练习变成的香气，享受真实的故事化作的神秘香料。享用一顿美餐是一种独特的体验，我希望本书能带给你成为敏捷领导者的独特体验。

敏捷，达成目标的最优路径

　　2010 年夏天的一个下午，公司将软件开发、软
件测试和硬件设计部门交给我，并要求我将它们重
新组合成一个有着高度协作和灵活性的新的工程部
门，建立跨越以上三个领域的跨职能团队。这个部
门将更好地服务我们的客户，拥有更高的灵活性、
创造性和创新性，同时保持着我们的技术的卓越
性，并实现公司的愿景——"增值解决方案"。我
被要求在第二周拿出如何管理新团队的构思。

敏捷转型

　　我回到家，坐在花园里冥思苦想。我的第一个感觉是"哇！我可以有所作为啦"，但等兴奋感退去，取而代之的是 120 个人每天带着他们铺天盖地的问题、申请和申请批复来找我的画面。我还没开始就觉得累了。那感觉就好像暴风雨来临之前那样：电闪雷鸣，黑暗而没有希望。我开始考虑那些人的名字和他们的层级关系。

　　新的一天带给了我新的能量。在那一周的晚些时候召开的高管会议上，我鼓起勇气展示了一个非常不同的组织架构，它基于一个只有 ScrumMaster 而没有管理者的自组织团队网络，以及一个只有团队成员而没有原来那种角色定位的岗位架构。我对提出这种扁平的团队感到既兴奋又紧张。

　　我们的董事长是一位典型的、将层级观念写到 DNA 里的传统管理者，他总是穿着西服套装，与他人保持距离，自带着一种从不会出错的光环。在那天的高管会议上，他显然心情非常好，坐在前排，开着玩笑。他为会议开场道："让我们从工程团队的架构开始。我们需要知道，你希望谁来负责管理岗位。"

　　"当然，让我先接上投影仪。"我说。我的脑子快炸了，各种想法瞬间像走马灯一样闪过：管理？我没有任何……如果他……不，那是不可能的……他不会在第一周就把我炒掉。如果我……没时间换方案了……就这样吧，我得开始了。

　　我做了个深呼吸，然后说道："您让我为这个新的工程部门提出自己的设想，但请先让我陈述一下我们希望这个新部门达成的目标。"很好，我抓住了他们的兴趣点，于是我继续说道："这个部门应该具有高度的灵活性和快速学习的环境，能够通过创新、创造以及技术卓越性来提供增值的方案，对吗？"我稍作停顿，环顾四周。与会者都在点头，看起来是认可我的观点。董事长有点不耐烦了，他的眼神透露出"是的，这个我们都知道，继续吧"的意味。

　　我继续说下去。"我调查了一些与我们类似的公司，阅读了多篇关于它们如何工作的案例研究和文章，然后想出了这样一种组织架构，它是扁平的，建立在自组织团队的基础上，部门中没有管理岗。""没有管理岗？"董事长扬起了眉毛问道。

"是的，没有管理岗。"我继续说道。我不得不加紧阐明一个简单的主旨："没有管理岗，能够真正地实现我们在新部门里所需的授权、动力和创造力。这是一个拥有 ScrumMaster 的敏捷团队架构的自然延续，而我们组织目前在开发部门里已经有这样的 ScrumMaster 了。"

"所以你想让我们所有人都变敏捷？"他问道，就像刚听到的是一个笑话，情绪显然又变好了。

"是的……"我缓慢地说，为他的情绪变化而感到疑惑不解。

"那就这么办吧。"他接着说道，"毕竟，我们选择你是因为我们需要一场变革，对吧？"房间里的人都点头表示赞同。"我们已经停滞太久了，我们必须扭转公司的局面，让它变得比现在灵活。我们必须吸引有才能的新人加入我们。坦率地说，我们希望成为一个更现代化的组织，能够吸引本地区的人才，并成为其他组织效仿的榜样。今天下午，我们来谈谈你打算怎么做。"

会议继续进行，但我已不记得后面的内容了。我们已经完成了敏捷组织之旅的团队级别试验阶段。我仍然不知道董事长为什么会同意这个疯狂的想法，因为他一直非常保守，痛恨试验，并且几乎每天都要用他身为领导的聪明才智来与扁平架构斗智斗勇。我想，部分原因是我能够把我的计划与我们的战略目标联系起来，这让他产生了共鸣。敏捷不是我们的目标，但它是我们达成战略目标的最佳途径。它对我们每个人来说都是艰难的旅程，因为我们每个人都需要做出巨大的改变；但如果时光能倒流，我还会做出同样的选择。它真的有效，我们真的令它奏效了。我们达成了我们梦想的目标，只有一个人因为这次变革离开组织。这是一项艰巨的工作，我很高兴得到了这次机会，从中学习并成长为一名敏捷领导者。

The Agile Leader

敏捷不是你的目标——它只是你达成目标的最佳途径。

变革的需要

在大多数组织里，你会意识到，要想带来变革，首先需要与"法老综合征"做斗争。所谓"法老综合征"，是这样一种共同的想法："我们不需要变革。我们是成功的组织，什么事都不会发生在我们身上。"这种过度的自信将阻碍任何变革的发生。而敏捷则要求我们的工作方式和思维模式做出巨大的改变。约翰·科特（John Kotter）的"领导变革八步流程"中的第一步，就是制造变革的紧迫感。简单来说，就是问为什么。为什么我们必须要将做出改变作为首要任务？其背后隐藏着怎样的需要？如果我们不改变，会发生什么？若我们不能找到一个足够好的战略性理由，可能我们不应该开始改变。

敏捷不是你的目标，它是你达成战略目标的方法。这一点我在本书一开始就反复陈述过，因为如果没有真正重要的变革原因和紧迫感，任何组织都不会有所行动，任何领导者都不会改变他们的习惯，任何变革也都不会发生。让我引用迈克·科恩（Mike Cohn）在佛罗里达州奥兰多"2010 年敏捷大会"上的主题演讲内容："我们的目标不是变得敏捷，而是了解如何才能更加敏捷。敏捷是一种思维方式得到的结果，而不是一个要施行的流程。一家企业永远不会让'变得敏捷'结束，因为它总是会找到新的方法去改善运营。"

开始阅读本书正文之前，请你完成以下练习，以确保自己具备变革的紧迫感。

**敏捷
笔记**　为什么我们必须做出改变？背后隐藏着怎样的需要？如果我们不改变，
会发生什么？

结　语　　敏捷的未来

阅读书目

第一部分

成为敏捷领导者

THE AGILE LEADER

成为敏捷领导者不是获得职位权力，
而是具有利用影响力的能力。

第 1 章
敏捷领导力，未来的领导力

关于领导力的书很多，但聚焦于敏捷领导力的书却寥寥无几。为什么敏捷领导力很重要？因为在过去的几十年里，领导力已发生巨大的变化。在传统组织中曾经有效的领导风格，在敏捷环境中或许将适得其反。最有效的领导者，在传统组织架构中曾经依靠与个人合作取得了巨大成就，但在与团队或系统合作时可能会非常艰难，甚至会完全失败。在深入探讨这个变化之前，让我们先来回答几个问题。

敏捷是什么？

敏捷到底是什么意思呢？让我们先来澄清几个最常见的错误概念和错误理解。敏捷是一种思维模式、一种哲学、一种不同的工作方式。总之，它改变了你的思维方式，以及对待任务、队友和工作的方式。它不是一种要去施行的流程、方法或框架，这使得它非常灵活。它完全是与文化相关的，并且将改变你看待业务的方式。它建立在透明、团队协作以及更高层次的自主性之上，并通过频繁的价值交付产生影响力。

当我第一次听说敏捷和 Scrum 时，我并不喜欢它们。它们给我的感觉像一种过火的进程。我们当时过于关注实践而不关注思维模式和文化，这实际上是一个普遍的错误。我现在还记得，当我作为一名新任 ScrumMaster 向团队介绍敏捷时，我唯一的理由是"因为客户如此要求，所以我们不得不采用敏捷"。我不得不关心是否在敏捷状态。我想的是：只要把工作做完，然后就继续前进。然而，事实证明，即使是"技术敏捷"，即在我们还未能理解敏捷这一思维模式而把它当成一套实践、流程和规则的阶段，它也能在我们自认为已经很出色的领域给予我们帮助。这对我们来说是一个大大的惊喜。

几年之后，我有了一些组建敏捷组织的经验，我当时是一家小型网络工作室的总经理，我们不仅使用敏捷来交付产品和服务、与客户建立关系，也将敏捷作为我们设计战略、检查和调整商业模式的整体方法。有趣的是，虽然交付流程的改进做得很出色（我们将上市的时间从原来的几个月缩短到仅仅几天），但对业务并没产生什么有意义的变革；直到我们在各层面上都完全拥抱敏捷，并开始尝试将敏捷用在商业模式和战略决策过程时，敏捷的价值才真正得以体现。单个团队级别的敏捷性，可以对团队成员产生巨大的激励作用并提升效率，但对业务的影响通常微乎其微；而整个组织层面的敏捷性具有更大的潜力。

总之，敏捷代表"适应性"。虽然敏捷始于软件研发，但它可以被广泛地用在你能想象到的任何地方。多年来，敏捷已经从 IT 领域延伸到其他业务领域：敏捷人力资源管理、敏捷财务、敏捷营销、业务敏捷、敏捷领导力等，其中由乔舒亚·柯林斯基（Joshua Kerievsky）创建的"现代敏捷"概念比最初的敏捷宣言[①]更有意义。

---

① "敏捷"因《敏捷软件开发宣言》（*Manifesto for Agile Software Development*）而被人熟知。

现代敏捷

现代敏捷有 4 个原则：助人卓越、试验和快速学习、持续交付价值、以安全为前提。助人卓越是思维模式转变的起点。它与人际关系密切相关，让我们帮助他人获得成功、快乐、满足，让他们的生活变得更好。它适用于组织生态系统中的每一个人，包括客户、员工和股东。接下来的两个原则是关于帮助人们进行协作，以及通过小实验来学习业务和工作方式，从而实现正确的价值的。这三个原则相互支持，彼此成就。第四个原则是一个先决条件。安全性是任何敏捷性的前提。如果不具备高度的信任，敏捷就无法发挥作用。人们会觉得自己离卓越差得很远，他们会害怕试验，不敢提出具有创造性的方案，交付价值就会很艰难。敏捷需要一种"安全试错"的文化，能让人们将失败当成一次学习和改进的机会，而不是因此受到指责、批评或惩罚。

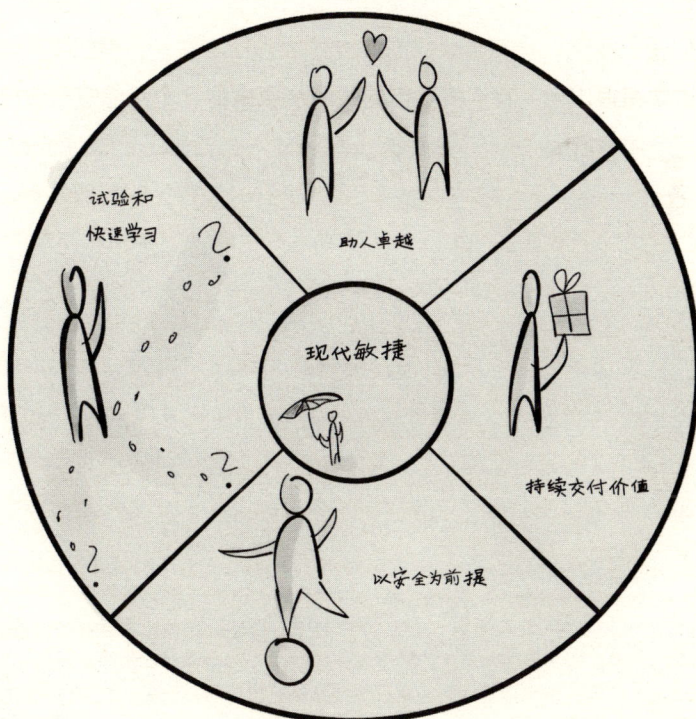

敏捷问卷

好的敏捷，4 个要素缺一不可。想象一下你的组织，按照 4 个现代敏捷原则，其敏捷程度如何？如果从 1 分到 10 分[①]来给它打分，你的组织能得几分？

| 1 ——————— 10 |

人们被当作完成工作的资源	我们关心的是令人卓越
我们遵循流程和指导方针	我们试验并快速学习
我们注重完成任务的效率	我们注重持续交付价值
失败只会受到指责	我们把安全作为前提条件，我们也从失败中学习

敏捷笔记 是什么让你的团队或组织变得敏捷？你还遗漏了哪些方面？

---

① 在本书的大部分评估中，我们使用 1 分到 10 分的评分等级。这些数字没有硬性的衡量标准，它们基于你的感觉，是主观的，与你的期望和环境有关。这个评分体系经常被用于指导问题，这是因为通过一个连续体来考虑你的答案，你会获得新的见解。比如，如果你的答案是 5 分，那么 6 分会是什么样的？

为什么敏捷？

敏捷是对新的商业现状和挑战的回应。它带来了灵活的商业模式，使组织得以在当今瞬息万变的世界里获得成功。大多数现代管理和组织设计的根源都可以追溯到 20 世纪初期，那时组织需要解决的问题与现在截然不同。如果你回顾过去 20 年里商业如何发生变化，以及有多少原本非常成功的组织因未能跟上变化的步伐而倒闭，你就不会怀疑组织级的变革是成功的必要条件。

让我们回顾一下，这个世界在过去几个世纪都发生了哪些变化。几百年以前，在个体生产时代，世界非常稳定且简单。每个家庭都有自己的田地。大多数城镇都只有一家餐馆、一个商店、一间旅社。人们较少互相依赖。生意都是本地的，人们以个体形式工作着。而后，世界发生了改变：工业革命使不可能的事情变得可能，让世界变得节奏更快、更复杂。人们一开始不喜欢这种变化，但这不重要—世界并不会询问每个人的意见，变化不管怎样已经发生。毁坏工厂里的机器设备阻止不了变化的发生，通过骑马而不是乘坐汽车的方式来试图挽留旧世界也阻止不了变化的发生。旧的经营方式显得太慢了，毫无竞争力。压力的到来势不可当，企业要么跟上速度从而存活下来，要么永远消失。

工业化时代催生了如我们现在所知的管理方法，泰勒主义诞生了。所有以任务优化、计划和控制为导向的管理实践都根植于这个时期。但世界并未停下脚步，而是继续变化，且速度越来越快。全球化以及随后的互联网带来的新时代不仅彻底改变了商业世界，也彻底改变了我们的生活。公司的办公室驻扎在哪里已经不再重要，你甚至都不再需要一间办公室。即时通信和可访问性重塑了一切。像谷歌和 Facebook 这样的公司创造了新的虚拟业务，而 Uber 和爱彼迎等公司又将之提升到一个新的水平。没有互联网这一切都不可能实现。如同工业化时代之初大众的抵制一样，我们可能不喜欢这种变化，可能会试图对抗，阻止 Uber 和爱彼迎运营它们的服务，但这种趋势无法阻挡。这类公司本身可能会消失，但世界不会回头。日复一日，这种变化会越来越快、越来越复杂。我们不仅无法阻止新时代的到来，我们甚至都无法预测它们。我们不知道接下会发生什么。

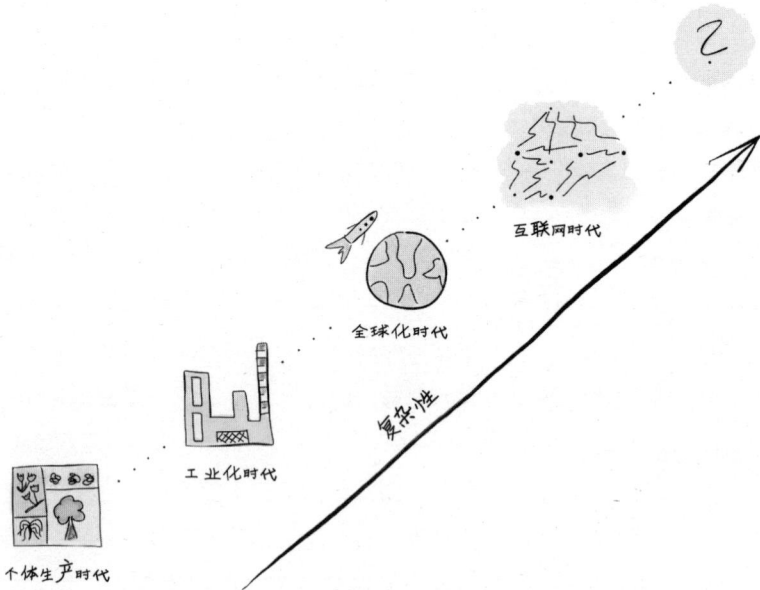

我还记得，当我在 20 世纪 90 年代中期学习计算机科学时，我的朋友问我是否想要一个电子邮箱地址。"我为什么需要一个电子邮箱呢？"我问他。"你必须要有一个。"朋友说。而现在，你能想象生活中没有电子邮箱会是什么样吗？它已经成为我们生活中不可或缺的一部分。全球化也一样。当我的工商管理学硕士课程的老师们说起国际化将是一种非常重要的趋势时，我是不相信他们的。是的，它可能会影响一些公司，但是它能改变游戏规则吗？不一定。然而现在，尽管我们可能并不喜欢，但它确实成了我们需要面对的现实。当你把全球化与互联网上的信息传输速度结合在一起时，你就会看到它的真实能量。它允许任何人（不管他们身在何处，哪怕藏身于某个山区的小村庄里），都能够仅仅通过点击鼠标就与他人取得联系并完成交易。过程就是那么简单，速度就如你想象的那么快。没有额外的差旅和开设办公室的成本。世界是全球化的，甚至比我们所想的更加全球化，没有任何边界或规则能够阻止它。

The Agile Leader

日复一日，世界变化得越来越快，也变得越来越复杂。

当我在我的领导力课堂上询问学员们下一个变革是什么时，他们通常会回答"人工智能""机器学习""回归'个人主义'"等。但重点在于：当我们谈论某事物时，它其实已经到来了；而在我们可能还没看到它时，它已经在发生了。真相就是，我们不知道接下来会发生什么。但不管它是什么，它都将重新设计游戏玩法。它将变不可能为可能，将重新绘制商业世界和我们生活的地图。没有人知道那会是什么样的，但到目前为止，趋势是一样的：变化明显更快了，复杂性也更高。转变如此之快，以至于我们在 5 年前使用的产品如今已经非常老旧过时，我们如今的生活和 10 年前相比也大不相同。一切都在变化，这让做规划变得几乎不可能了。

The Agile Leader

是时候改变了，停止制订计划，进行检查和调整。

我们能做的，就是接受我们并不知道接下来会发生什么。而这一次，改变并不会等到下一代才发生，它将发生在未来的一两年之内。在这个发展如此快速的世界里，我们需要改变工作方式，趁现在，趁还有点时间改；我们也需要检查和调整，因为传统的计划变化如此之快，制订计划有时会变得毫无意义。

现在的世界变得如此不同，而我们却仍在试图使用 20 世纪初期所用的工作方式。很有趣，对吗？

当前，我们谈论的是生活在 VUCA 世界[①]——一个具有高度易变性、不确

---

① VUCA 由 Volatility（易变性）、Uncertainly（不确定性）、Complexity（复杂性）、Ambiguity（模糊性）4 个词的首字母组成，源于军事用语，后被用于组织战略思想领域。——编者注

定性、复杂性和模糊性的世界之中。这个世界是不可预测的。现在正是改变的时候。敏捷为当下的复杂问题提供了答案，并使我们能够更好地适应和应对变化。进行检查和调整，似乎比制订固定的计划更适合我们这个动态的世界。

企业改变并非是因为有了新方法或新框架，它们变革只是因为迫不得已。敏捷不是目的，它是在当今复杂且持续变化的世界里生存并成功的必要条件。

我与一些对在组织里实施敏捷感兴趣的高管和资深经理一起做了一个测试。我问他们："你的业务有多复杂、多不可预测，变化有多快？"他们的答案总是千差万别，但几乎每个组织里的大多数人都不会认为他们的业务属于可预测的类别。这种不可预测性，背后有不同的原因：商业模式的颠覆者、期待获得传统架构难以实现的灵活性的客户，或法规的重大变化。他们中的大多数人都说："如果我们不从现在就开始改变，我们可能根本无法成功。"

敏捷问卷

在你的组织里做这个测试：

你们的业务有多复杂？如果用从 1 分到 10 分来衡量，你的组织得分是几分？

1		10
简单、可预测的		VUCA 世界

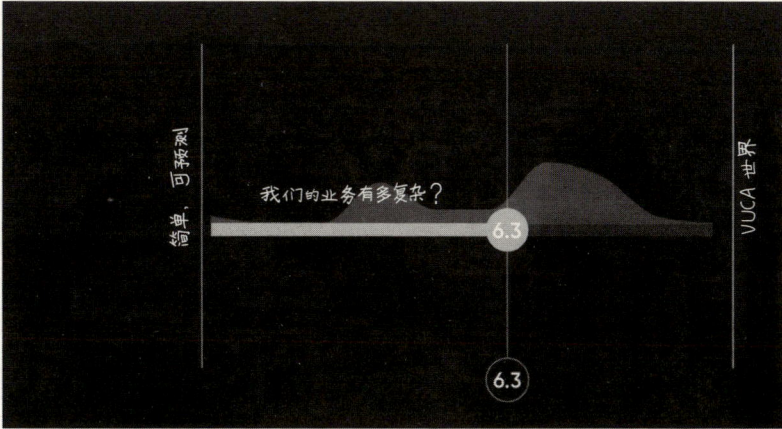

你的组织最终得分分析：

- 1 分到 4 分——你们的业务不需要敏捷。
- 5 分到 6 分——你们应该开始敏捷实验。虽然形势并不紧急，但也需要尽快开始。
- 7 分及以上——你们急需改变工作方式，使其变得敏捷，否则你们永远也无法成功。

敏捷笔记　想想你们的业务，是什么使你们的商业模式得以持续？为了应对 VUCA 带来的挑战，你们需要改变什么？

在我们公司，当我们改变工作方式，开始敏捷之旅时，我们的大多数竞争对手仍在按照年度计划、固定的预算和工作范围等进行操作，他们通常要花费数月才能为客户组建一支跟得上进度的团队。我们很清楚，VUCA 带来的挑战影响正在加深，这给整个信息和通信技术业务带来了巨大的压力，因此我们改变了整个商业模式。我们提供了高灵活度作为关键的竞争优势，允许我们的客户在不到一周的时间内增加一个新团队，也在合同中允许基于冲刺 ① 的灵活性。简单来说，对于每个冲刺，客户都有机会在冲刺评审 ② 中体验我们在冲刺时完成的产品增量，他们给我们反馈，并且可以基于整体交付价值选择是否在下一个冲刺中继续投资。由于密集协作，团队得以更快速地学习新技能，我们在不到 3 个冲刺的时间内就打造了一支最快速的团队。

我记得，有一次与一位新客户开会讨论如何合作。我们询问客户，她的公司是否采用过任何外包方式。"是的，用过。"她回答道。"那进展如何？"我问。简而言之，他们的进展只不过是为一个项目选择了一家供应商而已，实际上什么都没有做成。产品延期交付，而且也不能如他们期待的那样运作；双方存在太多的误解和沟通不畅的问题，结果导致大量的缺陷被当成了变更请求，因此增加了额外的成本……还有很多问题就不赘述了。我们认真倾听了客户的故事，当她讲完后，我要说的就是："很抱歉听到这些。当时你压力一定非常大。但那就是我们采用不同工作方式的原因。"她眼里闪现出惊喜之情。"你这话是什么意思？请与我们详谈。"她说。我们抓住了她的兴趣点，将我们的工作方式与她的公司刚刚经历的痛苦联系起来，这增加了她的好奇心，以及尝试我们的方式的意愿。但她仍然很犹豫要不要同意。"这一切

---

① 冲刺是一个固定的迭代时间盒，在此期间创造产品的增量。它是 Scrum 框架的一部分。
② 冲刺评审是 Scrum 中的一项活动，它让团队从客户那里获得关于冲刺期间交付价值的反馈。

听起来都很有趣，但你能给我一个证明吗？例如某些曾经用这种工作方式与你们合作过的、与我们公司规模差不多的客户。"她问道。我们给了她参考对象，并为她的公司提供了一个低风险的试验项目作为开始，让他们体验这种工作方式的效果。

虽然说服客户相信我们的工作方式比他们之前惯用的方法更好的确多花了一些时间，但从长远来看，我们是成功的。有趣的是，我们的灵活性和完全不同的方法足够吸引人，所以我们的客户总是愿意试一试。而一旦他们体验过，我们所建立的合作伙伴关系、我们所提供的透明度，以及在每一个短周期迭代后交付的有效产品增量，都为我们双方的合作建立起高度的信任。一步一步地，我们发展壮大了自己的团队，并把竞争对手们推向了边缘。

随着世界变得越来越动态和复杂，组织不得不求变以保持竞争力。它们必须变得更灵活，更以团队为导向，更自组织。因此，领导者们需要采取另外的方式来激励员工、带领组织跟上速度。我们谈论知识管理、创造力、创新的必要性，并在过去的几年里谈论着敏捷领导力，这些能帮助领导者们理解发生在当下商业领域中的变革的本质，并为高效应对现代组织所带来的各种复杂挑战做好准备。业务可预见性越低，采用传统领导方式的组织就越容易失败，因为这类方式优化的是重复任务和一致性。

The Agile Leader

敏捷领导力是未来的领导力。

敏捷领导力不仅是关于如何实施敏捷、Scrum、看板管理[①]、极限编程[②]或

[①] 一种为实现准时化生产，以看板为手段对现场生产流程进行控制的管理工具。——编者注
[②] 一种敏捷软件开发方法，提倡在较短的开发周期中频繁发布"版本"，旨在提高生产率并引入可以采用新客户要求的检查点。——编者注

精益原则等。你的组织里有人可以做这些事情。成为敏捷领导者是一种心理状态。我们构建了"1+1 > 2"的世界，一个没有赢家和输家之分、双方都可以赢的世界，创造力能让算式变得有所不同。

领导者与管理者之间的区别是什么？

所有管理者都是领导者，然而领导者不一定需要是管理者。成为领导者并不需要职位。没有人可以被提升为领导者，那是你个人的选择，如果你决定成为领导者的话。

> The Agile Leader
>
> **每个人都可以成为领导者，那只是你自己的选择。**

在一个敏捷组织里，等级制度变得没那么重要了，我们把更多的注意力放在领导力而不是管理手段上。领导者不是从职位上获得权威。领导者的影响力来自他们的行动和行为，来自他们为周围的人提供服务，他们的力量在他人的尊重中成长壮大。与之相对，传统的管理者通常与决策权以及某些职位权力相关，而这些都是被赋予的。正如我说过的那样，领导力是一种心理状态。每个人都可以是领导者。我们中的一些人可能只是在沉睡，只是害怕承担责任和开始行动。然而，除了你自己，没有人能阻止你成为领导者。

> The Agile Leader
>
> **敏捷领导者是一种精神状态，而不是一个职位。**

你就是领导者，所以不要等待别人。敏捷与惯例、规则或流程无关，敏捷是一种不同的思考方式、做事方法、思维模式。这一切都掌控在你的手里。你就是领导者，横亘在领导心态与传统等级观念之间的唯一障碍就只有你自己的心态和习惯。

他们的答案

The Agile Leader

在我的敏捷之旅中，最困难的任务是与我自己打算创造的变革保持一致，并成为敏捷领导者的榜样。当我接管了规模为 120 人的部门和其人力资源时，我的愿景是基于没有管理者的自组织团队网络建立一个灵活、快速学习的环境。摆在我面前的最重要的工作，是培养能够利用影响力而非职位权力的领导者。这事说起来容易，做起来却很难。

作为 ScrumMaster 和敏捷教练，我已经有过类似的经验，但在总监级别上做同样的事是不同的。你不仅需要与自身的习惯做斗争，也需要对抗你所拥有的职位权力的诱惑——如果使用职权，你就能暂时让所有事情都变得更高效、快速。如果我能直接告诉团队在日常任务中该做什么，我就不需要花上好几个小时来帮助我周围的人了解情况，并做出他们自己的决定了，那样做非常耗时。我把我所有的工作时间都花在与人们交谈上，帮助他们互相协作和主动承担职责，我晚上还要在家里赶工作。因此，直接告诉他们该怎么做是非常有诱惑力的，但捷径从来都不会奏效。如果我此时放弃了，他们就不会成功，而我将永远被困在中央决策者和顾问的位置上——他们将永远没有机会提出具有创造性的解决方案，而我们也将仍然只是一家不能为客户带来改变的普通公司。

坚持是关键。几个月之后，坚持得到了回报，我可以退到幕后，享受自组织带来的能量。这个部门自主运转，自行朝着"提供增值解决方案"的方向前进。

为什么成为敏捷领导者如此重要？

敏捷领导者是任何敏捷组织的关键。组织里存在的敏捷领导力越多，整体的思维模式就越可能转变，敏捷转型成功的可能性就越大。拥有压倒性数量的敏捷领导力对任何敏捷环境都至关重要；没有它们，我们就只是在创建另外一些流程和增加一些术语，我们得到的只会是"伪敏捷"，而不是业务成功。

领导者应该先行改变，整个组织才会跟随。

成为敏捷领导者比以往任何时候都更重要。几乎每家公司都愿意尝试至少一个敏捷项目。随着组织的敏捷程度的增长，传统管理和敏捷工作方式之间的差异将越来越明显，这会让管理层和团队双方都感到沮丧。团队感到沮丧，是因为管理层并不支持他们，组织也没有在他们的敏捷之旅中给予帮助。而管理层感到沮丧，是因为他们不知道如何培养敏捷领导者，以及如何发展一种以团队协作为导向的环境。柯林斯基曾说："当我们与领导者们谈论这种系统时，大多数人在理智上都认同权力、决策和资源配置应该分散开来，但要将其落实又是另一回事。他们非常害怕组织会陷入混乱。"尽管这是一个普遍的问题，但我认为敏捷带来了和谐。运作良好的团队定期、轻松、愉快地向客户交付价值，这反过来又为组织提供了动力和能量，以提出具有创新性的解决方案应对日常的业务挑战。

敏捷领导力帮助你面对 VUCA 世界的挑战。

这并不容易，也不能一蹴而就——敏捷是一段旅程。然而，即使仅仅经历几个迭代，你也将能看到效果。就当今变化和复杂的世界来说，并没有别的方法。

敏捷领导力帮助你面对 VUCA 世界的挑战。D. 安科纳（D. Ancona）认为："已经很久没有人真的推荐控制和命令的领导方式了，但完整的替代方式至今还没有形成。这在一定程度上是因为高层管理者们对于改变自身的行为方式持矛盾态度。"

敏捷领导者

本书是一个改变的好机会，它把所有有用的敏捷领导力概念放在了一个平台上，供领导者们参考，并决定如何才能更接近敏捷领导者的表现。现在就开始培养敏捷领导者，组织的敏捷程度将会得以提升。

成为敏捷领导者
The Agile Leader

- 敏捷是对 VUCA 世界新的商业现实和挑战的一种回应。

- 敏捷带来了灵活的商业模式，并能让组织在当今不断变化的世界中取得成功。

- 敏捷关心的是助人卓越、试验和快速学习、持续交付价值，并以安全为前提条件。

- 敏捷组织需要不同的领导方式。敏捷领导者需要专注于构建灵活的系统和培养其他领导者。

- 敏捷领导者不需要使用权力，而是利用影响力。

第 2 章
敏捷组织，一种全新的组织形式

组织在不断进化。组织在 20 世纪经历了巨大的变革，通过重新设计架构、文化和工作方式来适应世界的变化。有 3 种不同的组织模式，从定义来看，它们都没有对错，它们中的每一种都能在特定的时间或商业现实中适应得很好。

组织 1.0：传统组织

在 20 世纪 70 年代，最常见的组织架构是金字塔结构，它是纵向的、等级分明和充满权力的。在这种架构下，公司由强势的老板来领导。在内部，管理方式主要基于命令和控制、官僚主义以及范式的管理。重点在于资源，每一个人都会有明确的角色和责任。

这些等级森严的金字塔架构其实也没有错，它们是应对工业化时代挑战和前 VUCA 世界低动态商务环境的最佳方案。大多数公司都可以遵循身居高位者设计的最佳做法，并且大多数问题也都可以通过良好的流程得以分析和解决。处理商业挑战需要一个简单的架构，角色和职责也被设计妥当。这样的架构运作效果很好，管理者们获得了满意的结果，公司发展得很成功。

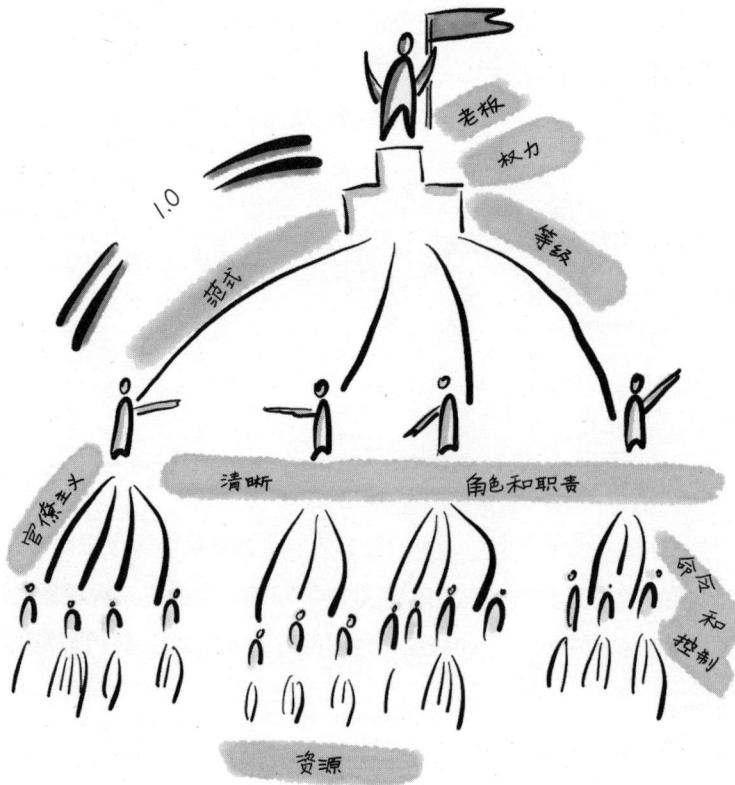

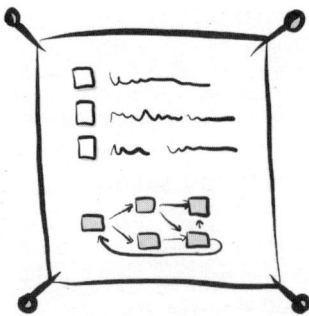

这种类型的组织背后的基础信念是：老板永远是对的；总能找到一些流程来处理问题，老板的角色就是改进这些流程；员工要遵循这些流程而不能以任何方式挑战这些流程。

管理层相信，大多数员工都是懒散怠惰的，没有压力就不会好好工作，因此，如果业绩不如人意，老板们就应该对员工施加更大的压力。薪酬直接与个人绩效挂钩，并被认为是完成工作的唯一动机。老板们还认为，应该详细地阐明每个人的工作内容，这样就不会有人对自己的角色、期望和职责有所怀疑。每个人都应该完成自己的工作，而不用发挥主观能动性。

结果，大多数人在工作中都不快乐。他们失去了动力，抱怨不停。他们将工作视为无法逃避的灾祸。如果能待在家里不用去工作就好了！最常用的管理工具就是"胡萝卜加大棒"法：人们只有在得到奖励（胡萝卜），或者是被迫、害怕某种后果（大棒）时才愿意工作。奖励必须直接与任务挂钩，而如果出现任何错误，就会遭到失去奖励的惩罚。

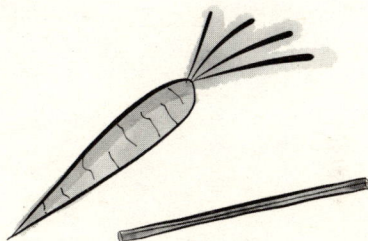

这种安排积极的一面是，保持层级架构的组织能够快速解决重复性的问题。在相对静态的环境中，比如工厂的生产线，这种架构运转得非常好。然而在 VUCA 世界，这种组织就像恐龙，对变化的反应太慢。固定流程扼杀了一切创新性和创造力，这种缓慢和僵化的组织无法撑到下一个 10 年。

组织 2.0：知识组织

在组织 1.0 时代出现 20 年以后，20 世纪 90 年代，组织设计的趋势是形成了关注知识的组织 2.0 版本。组织开始努力去适应持续变化的世界和日益复杂的任务，并以专业化、详细的流程和架构来进行应对。公司意识到世界不再是简单的，大多数问题都属于复杂类别。因此，公司采用了复杂的流程，注重深度分析，并投资于专家身上。关于管理者、授权、分配、职位、职业路径、专业化、定义汇报线架构、详细报告和个体关键绩效指标（KPI）的讨论非常多。

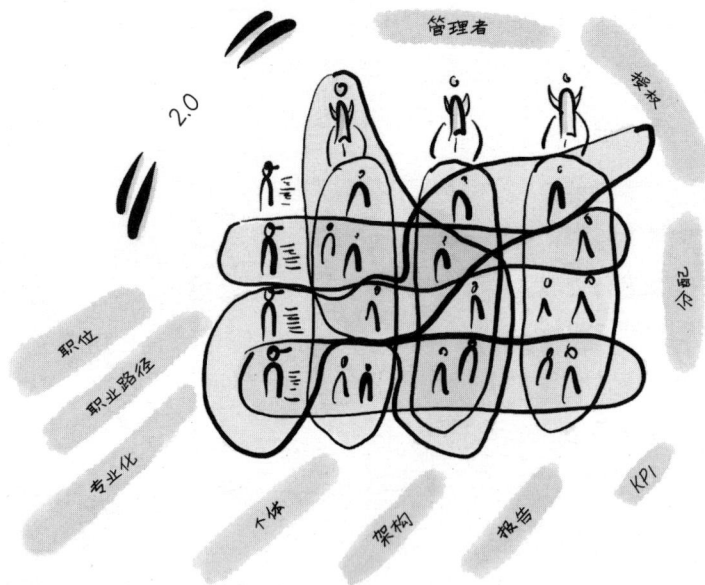

这类组织背后的基础信念是，复杂问题需要详细的分析和专业人士的经验。因此，公司对学习和专业化进行投资。它们开始注重成长。在组织 2.0 架构里，原本只需要一个人完成的工作现在需要几个特定且专门的职位，这就需要各职位之间能够精准同步。成立专业部门来处理 Java、数据库、测试、体系结构、分析、文件归档、客户细分、账目、计划等，甚至还有采购椅子等琐碎事务。每个任务都需要详细的描述和流程来保持同步。同时，每个专业小组都需要一名管理者。我们相信，如果给每一个员工都设定一个目标，并基于这些目标衡量他们的绩效，他们就能够成功。人们也仍然相信，决策由管理者们做出，下属只需要完成工作即可，不期待他们有任何主动作为。

这样做的结果是，组织试图创建流程和特定角色来描述一切，并考虑每一种可能性。公司制定职业路径，向员工展示成长的方向，并讨论其他的激励因素。公司花上好几个月来制定 KPI，但公司里流程和专业线越多，个人承担的责任和主动性就会越少。管理层试图帮助员工重视成功，并向他们展示成长的机会。因此，评选月度最佳员工、考核和评估绩效等做法成为核心管理工具。

对个体来说，想要比别人更成功、更优秀、更聪明的压力是巨大的。"如果我同事的绩效评估排名比我好怎么办？如果我不能在两年内晋升怎么办？"它导致了一种强调个人目标而非组织目标的文化。大多数管理者和专家都相信自己比别人更优秀，这就造成了大量的竞争行为、指责、防御和蔑视。

在这种环境里工作的管理者往往事无巨细、"一把抓"，对待员工和同事毫无尊重和信任。人们仅仅遵从流程，只按照工作描述里详细说明的那样去完成工作。从好的一面来看，组织试图让这个世界变得不那么复杂，并将复杂的任务拆分成更小粒度，使得专家们更容易分析。这些步骤让复杂的任务变得更有趣、更具挑战性，也更容易管理。员工们知道公司对自己的期望，并知道应该关注哪些事情，应该完成哪些任务。有一定的授权空间，这有助于人们承担一些与任务相关的责任和获得主人翁意识。由于组织是以个体、任务和技术为导向的，自然就充斥着许多"筒仓"①，这在价值流交付过程中形成了大量的依赖。对管理者来说，最耗时的工作就是分配任务。

定义明确的职位和角色虽然还未做到现代社会所需要的那样灵活，但仍然比传统的组织 1.0 那种固定的层级架构要好得多。组织 1.0 通常以年

---

① 筒仓（Silo），原为一种立式的贮物仓库形式，这里指传统的组织架构中自上而下式的职能组织，各职能部门之间职责划分明确，员工们只按自己上级的指令行事，部门之间由此形成协作壁垒。——译者注

为周期运行，反馈回路很长，在这种组织里创造性是稀有的，创新是费时的。它就像一条行动迟缓的鲸鲨——一种活在自己的圈子里不理世事的庞然大物。

由于每个新问题都会产生新的职位需求，组织自然会经历稳定需求的增长。但有时它们会挣扎。它们尝试削减开支，但只有短暂的效果，并不会带来长期的成功。因此管理层梦想着能够回到前一个时代，在那时管理资源要容易得多。那时，管理者们拥有真正的权力。他们可以做决策，可以强迫人们工作，可以使用"胡萝卜加大棒"的方法。事情很简单——不需要委员会，不需要为每一个细节开会讨论。那时，分配个人资源不会花费他们大多数的时间。

组织 3.0：敏捷组织

敏捷组织是一种新的范式，一种灵活、有高度适应性的组织设计的新形式。对于创建一个敏捷组织需要做些什么，并没有确切的定义，因为组织不需要采取特定的具体形式。它与太过于规范的框架和实践不相关。敏捷组织应对VUCA 的挑战，并将敏捷价值带到组织层面。在当今世界，我们需要创建不惧波动性和不确定性的组织，它为复杂性而设计，并在模糊性之中茁壮成长。这并不容易。在一个敏捷组织内，我们以团队而不是以个人为基础，结合多种不同的领导风格，通过动态网络结构密集协作。我们专注于帮助他人成为领导者，培养超越固定管理岗位的自主领导力。

你可以把敏捷组织想象成一支小船队，而不是一艘庞大的邮轮。这些小船朝着同一个方向前进、存在于相同的环境和背景下、拥有相同的价值观，但会根据情况做出不同的变化。你也可以用其他许多不同的事物来进行比喻，如一窝蚂蚁、一群水母或一只变色龙等。或者你也可以将组织视为一个活的有机体，无论系统的不同部分差异有多大、如何分布，它都有一个确定无疑的目标。它进行试验，从失败中学习，安全性和透明性被写入了系统的 DNA 中。敏捷组织中的文化重视协作和信任，这带来了比等级结构中更多的创新和创意想法。

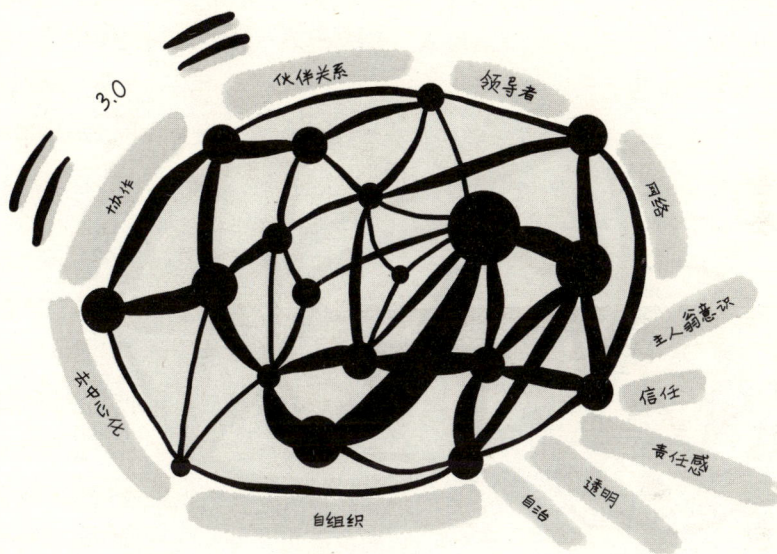

　　这种类型的组织背后的基本信念是，人们天生就拥有创造力和智慧。如果我们创造出一种完全透明的环境并信任他们的工作，他们就能够解决所有的挑战。我们还认为，当今的商业世界太不可预测，因此传统的方法正在失败；很多大公司都意识到自己需要剧烈的变革，它们知道自己需要变得更灵活、更能响应变化，即更具有适应性。我们相信，如果我们设立良好的进化意图，具有强大的愿景，并为人们提供

良好的合作和发展的环境，团队将会提供比任何个体都更好的解决方案。

其结果就是，团队更有可能提出具有创造性的解决方案，打破现状，改变既定习惯。他们让整个组织行动起来，并高度响应变化。作为结构化的一部分，公司以团队为导向，因为业务的复杂性需要更复杂的系统来解决，没有哪个个体能够聪明到可以独自应对现代社会的挑战。围绕需解决挑战的领导力变得更加急迫，组织架构变得更加灵活，更自组织、自管理，有时甚至是自我引导。这种组织的缺点，是需要每个人都深信不疑的一个强大的共同目标。如果没有它，组织就会陷入混乱。组织也需要足够多的领导者为这种转变做好准备。这就是我们在本书中所讨论的内容。

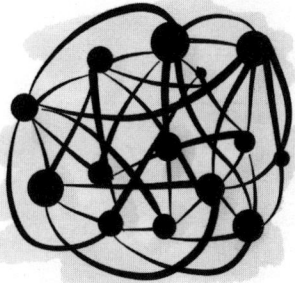

现代组织是建立在人们以及人们之间的关系之上的。它是一个具有协作性、创造性和适应性的网络，由相互连接的自主系统构建而成，因此，它们相互影响但又保持一致。这是一种全新的思维模式，对大多数组织来说都是一个巨大的心理挑战。保持耐心吧，改变需要时间。组织和社会会改变，但改变永远不可能在一夜之间发生。为了使改变得以持续，要让这种新的工作方式成为习惯——一切都与我们正在改变的部分的大小有关。社会级别的改变需要几十年时间，组织级别的需要数年，团队级别的则可能需要几个月。慢慢来吧，强力推行解决不了问题，但鼓舞激励可以。

反思你的组织

每个组织都是一个复杂的系统，不同的部分可能显示出各种组织模式的某些方面：有些是传统的，有些是知识的或敏捷的。然而从整体来看，有一种模式最为突出。请记住：任何阶段的模式本身都没有对错。组织设计始终需要反映整个环境的复杂性，以及对适应性的需求。

敏捷笔记　你认为你的组织现在处于哪一阶段？如此判断的主要原因是什么？未来 5 年里你希望它处于哪一阶段呢？

成为敏捷领导者
The Agile Leader

- 组织设计需要与整体环境的复杂度以及对适应性的需求相匹配。

- 敏捷组织建立在人和人之间的关系之上。

- 1.0 和 2.0 版本的组织是为了提升效率而优化，它们处理可预测的问题。

- 敏捷组织是具有协作性、创造性和适应性的网络，旨在解决 VUCA 世界带来的挑战。

第3章
做敏捷的领导者，而不只是敏捷的执行者

敏捷领导者的存在与传统管理不同，它不是一个职位，而是一种心理状态。敏捷领导者不会建立任何等级制度，也不会拥有任何被赋予的权力，他们的权力随着他们对组织的服务价值而增长。敏捷领导者能够激励他人，也能够创造并传达一个吸引人的愿景，或激励组织达成更高目标，并不断通过反馈寻找更好的工作方式。敏捷领导者需要具有包容性，并在他人的领导力成长之路上给予支持。他们需要对新的想法、尝试和创新持开放态度。他们需要支持创造性，并能够培养正确的心态和协作文化。敏捷领导者是教练、引导者和良好的倾听者。

敏捷领导力与工具、实践和方法论等无关。领导力始于梦想和对梦想的热情。领导力是一种从系统角度看待组织、理解系统动态、意识到系统中正在发生的事情、拥抱这些事情并成为它的组成部分，最终能够通过指导对系统采取行动并影响系统从而发起变革的能力。

新的管理模式与协作和信任、分权、持续的适应和灵活性，以及协作和团队合作相关。

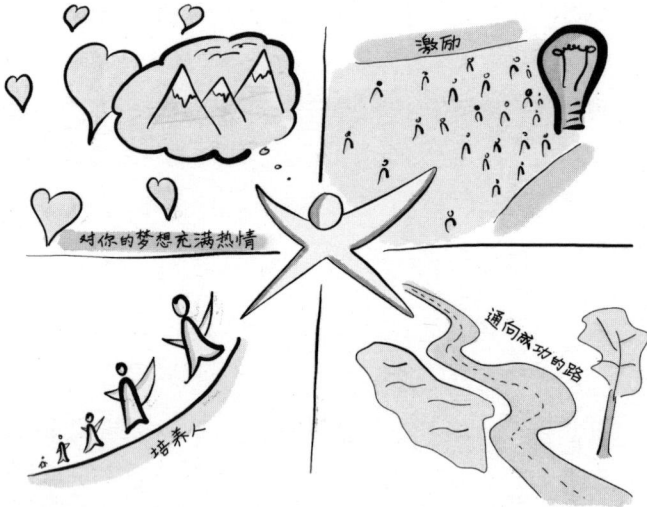

在 20 世纪的最后 20 年里，我们从工业化时代流行的静态管理转向了战略管理，接着我们又迅速转向了动态管理，试图跟上现代化的、不断变化的、复杂的 VUCA 世界。这是一个非常需要敏捷领导力的世界，因为其他任何事物都不够灵活，无法应对当前的挑战。

领导者先行

用敏捷的领导行为提升团队能力

理查德·琼斯（Rickard Jones, 敏捷教练、项目负责人，敏捷人力资源宣言联合作者）

在一个仍处于敏捷转型中的组织里担任领导是困难的。我记得英国一家大型零售银行的业务负责人的故事。他不得不为同时应付这种变革和一些重要的面向客户的交付而绞尽脑汁。这项工作涉及改造银行实体分支机构中客户和员工的协作方式，如果失败，将会造成失业和客户不满。这不是一次寻常的潮人数字化之旅，而是采用了敏捷方法的经典银行业务。这位部门负责人不仅开始提升她的员工在敏捷和 Scrum 方面的技能，她自己也参加了敏捷领导力方面的培训。这是很罕见的，因为大多数领导者都会犯一个典型的错误，即认为自己无所不知，不愿费心投资自己。她接受培训，并激励她的员工们提高自己的技能，员工们随后也确实这样做了。她从这次经历中明白了，当需要学习的时候，领导者应该先行。

完成这项培训后，她和她的团队就可以做出明智的决定，决定在转型中如何保持敏捷状态。这些知识使他们能够决定如何重组团队。这位管理者再次聪明地避免了认为不需要彻底重组的错误。当她的所有员工都完成了能力建置后，她展现了仆人型的领导力：支持他们关于工作的决定，并使他们成长为最好的自己——即使她并不总是同意他们的意见。对她来说，这样做的好处在于她不再是一个孤独的领导者。她团队中的产品负责人开始超越产品开发，涉足产品的引领和创新工作。其中一名团队成员决定终止维护一款产品，因为他发现该产品不再能为客户和分支机构员工带来任何价值。这种主动的决策以前在银行是闻所未闻的，但该做法为组织节省了数百万美元，并得以将这些投资用于其他能够创造价值的项目。只有产品负责人有权做出这一决定，而管理者通过仆人型的领导方式支持这个决定，才可能实现双赢。这位负责人的行为不仅改变了她自己、她的直接下属，还改变了整个部门。因此，我们可以一次又一次地看到团队快速做出有价值的决定。管理者的领导行为促进了团队能力的提升，使团队如今不仅能实现自我管理，还能实现自我领导。

敏捷笔记	请思考一下你作为一名敏捷领导者的未来。你的梦想是什么？你想要实现什么？

仆人型领导者

在敏捷环境中常被提到的一种领导力风格是仆人型领导者[①]。这个术语是由罗伯特·K. 格林利夫（Robert K. Greenleaf）在 20 世纪 70 年代在其著作《领导即服务》（*The Servant as Leader*）中提出的。这个术语在敏捷环境中重新焕发出了活力，在敏捷环境中对仆人型领导者最常见的表述是 ScrumMaster，在敏捷环境中对这个角色的关注集中在共享和移情方面。仆人型领导力是一种非常有用的描述敏捷领导力的概念。成为仆人型领导者是敏捷领导者之旅的第一步。它是一种简单的心理模式，通常会在领导者的头脑中产生第一次转变。

普遍的错误认识是，仆人型领导者是提供"服务"的，或者换句话说，是

---

① 英文原文为 The Servant Leader，在中国敏捷社区里的另一种叫法是"服务型领导者"。——译者注

他人的"仆人"，这就造成了一种等级关系。这是一种误解。"仆人"不是字面上的意义，而是具有高度整体性和哲学意义的用法。仆人型领导者分享权力，不认为等级地位很重要。仆人型领导首先是领导者——他们帮助他人成长，有远见，超越日常任务和短期目标进行思考；他们是优秀的倾听者，有同理心，能意识到系统和他们自己的能力和局限，关注良好的关系和文化，有说服力，形成团体，具有包容性。除了用词可能造成误解，没有任何东西与"仆人"的角色一样。

　　仆人型领导者是扁平结构的推动者，因为他从领导层中消除了层级结构。对于敏捷文化来说，消除层级结构是必要的，敏捷文化的定义更加扁平，因为它是建立在自组织团队之上的——在自组织团队中，授权和自主权要高得多，而传统管理的需求正在消失。正如帕特里克·兰西奥尼（Patrick Lencioni）所说："我的梦想是有一天人们不再谈论仆人型领导，因为那将是唯一存在的领导类型。"

协作

仆人型领导力　　　　促成　　　　扁平结构

　　让我们想象一下：你正处在一个长假前最后 4 个月的工作中。你即将开启梦寐以求的长达数月的假期，将拥有一次航海和潜水之旅，你将在一艘船上，置身于海洋中央，整个假期都将与尘世隔绝。你希望，你的组织在没有你的情况下也能正常运转。你不可能为每一个员工的每一个决定都做好准备，你也不可能让组织在你回来之前一直持续不变地运行，因为业务始终是动态的、不可预测的和复杂的，而你比任何时候都更需要处理来自 VUCA 世界的挑战。没有哪个人能够顺理成章地替代你。你拥有一个有着自组织 Scrum 团队的扁平组织架构，它已准备好迈向新的台阶。你很乐观地认为他们能够做到，而组织也已准备好进入下一个阶段。

　　这个场景是一个很好的例子，说明了掌握仆人型领导力的必要条件是什么。它不是关于你的，而是关于其他人的。你所需要做的只是专注于帮助他人成为领导者。创造一个他们可以在其中成长的环境，让他们形成团体，让领导力浮现出来。正如兰西奥尼所说的："领导者的最终职能是知道什么时候走开，让别人来领导。"如果你想坚持到底，并在处理挑战时抑制走捷径的冲动，那么你是有足够的时间让团队做好准备的。记住，你的目标不是提高效率、提供建议或做决定。你的目标是培养团队，让他们习惯于形成解决组织问题的主人翁意识和责任感，而不必由你来做每一个决定。毕竟，在 VUCA 世界中，协作的团队在寻找最佳的创造性解决方案方面总是比个体做得更好。如果你现在不开始改变，等到下周或下个月可能就太晚了。

敏捷问卷

　　诚实地想象你作为一个领导者的场景。其结果不是为了评价你，而是显示你作为领导者成长的机会。这份评估是关于你的感受的，在不同的环境中评估结果将有所不同。

　　从 1 分到 10 分，你在日常工作中倾注最多精力的方面是什么？

1	10
提供建议和做决定	倾听他人
任务	关系
聚焦日常	关注长期

计划	从反馈中学习
角色和职责	构建团体
效率	他人的成长
职位权威	自发式领导
完成工作	帮助他人完成工作
工作流和结果	人员和协作

正如你可能已经意识到的那样，得分越高，就越接近服务型领导的思维模式。然而，世界并不是非黑即白的，这个量表也不是。你的目标并不是所有的回答都得 10 分。做评估只是为了提高对问题的认识。接下来的练习就是行动。

敏捷笔记　需要做些什么改变，才能让你感觉自己更接近仆人型领导者的角色？你可以改变你的哪些关注点？

领导者—领导者

另一种有用的领导力心理模式是大卫·马凯特（David Marquet）在他的著

作《你就是艇长》（*Turn the Ship Around*）中所描述的。该书展现了他作为圣达菲号核潜艇指挥官的领导力之旅，在一次简单的演习中，他意识到下达命令可能并不总是最好的方法。他说："领导力应该意味着给予控制权而不是夺取控制权，创造领导者而不是培养追随者。"这本书为刚刚开始向敏捷转型的公司提供了一个实用案例，因为它们经常要与所需的思维转变做斗争，例如相信自己的组织是不同的、在自己的环境中改变是不可能的等想法。但是，如果转变在海军潜艇上是可能的，那么在任何地方都应该可能，对吧？

马凯特的模型有助于将传统的"领导者—跟随者"的领导风格转变为"领导者—领导者"的仆人型领导风格。在前一种风格中，人们应该服从命令，而在后一种风格中，领导者帮助其他人成长，使他们成为领导者。我个人更喜欢这个概念胜过"仆人型领导"的概念，因为它关注的是伙伴关系，没有"仆人"的负面含义。

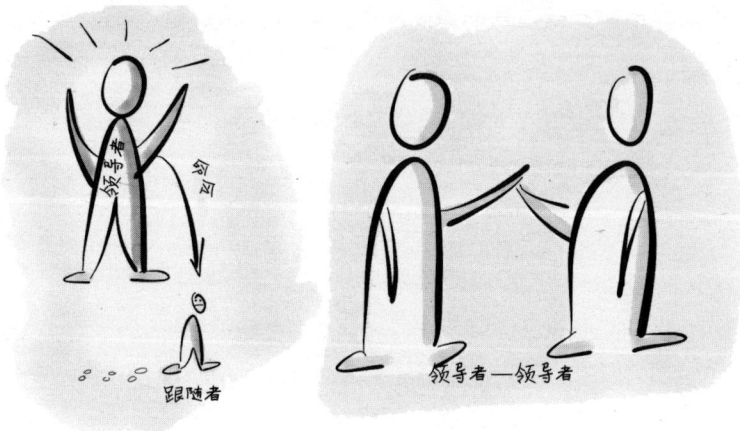

领导者 / 命令 / 跟随者   领导者—领导者

按"领导者—领导者"模式行事并没有那么简单，它需要大量的练习和耐心。你需要信任他人，即使你已经知道一个好的解决方案，也要相信他们能提出更好的办法。你必须能够放手并信任系统。对于简单的任务，这种方法可能不是必要的，但问题越复杂、模糊性越高，这种方法就越成功。在从领导者一跟随者开始向敏捷转变的旅程中，你要致力于高透明度的领导风格，愿意分享领导力，给予他人自主权，并相信他们会做出正确的决定。

好的第一步做法是与每个人分享目标，让每个人都知道我们的前进方向，增加透明度，这样大家都知道正在发生什么事；同时创造安全感，让自主性得以发展。举个例子。假设你下个月有一次重要的客户拜访，纯粹的"领导者—跟随者"方式很明确：你是核心决策者，一切都与你相关。你要为这次访问制定一个准备策略，同样，任务将由你分配。组织中常见的方法是将这个过程的各个部分分派给团队或个人。我们中的大多数人对这样的方法已经会很满意了，并称之为"敏捷"。然而，纯粹的"领导者—领导者"方法是围绕着形势创造一个完全透明的环境，共同创造一个目标和愿景，让人们想出他们自己预期的战略和任务。这听起来可能有些激进，的确，它需要的技能与传统领导者所需要的非常不同。你必须擅长大群体引导和系统指导，你必须相信自组织，你必须相信其他人总是能想出更好的解决方案。让我们将肯特·贝克（Kent Beck）等人提出的敏捷宣言的原则换一个说法，那就是：最好的想法来自自组织的团队。"领导者—领导者"方法将在最高水平上测试你的敏捷思维。试试下面的检测，看看你成为"领导者—领导者"的可能性有多大，或者"领导者—追随者"模式在你的习惯中有多根深蒂固。

敏捷小测试

下面哪一项描述与你的情况最贴近？请为每个问题选择一个答案。

1. 关于信任

A. 我是做决策的角色，这就是为什么我是领导者。

B. 我可以把明确的、描述清晰的任务完全分派出去。

C. 我需要设置方向，但其他的事情可以由团队来接管。

D. 其他人经常能提出非常棒的想法，往往比我的想法更好。

2. 关于透明度

A. 人们不需要知道所有的事情，太多的信息会引起混乱。

B. 愿景、目标和目的需要被定义清楚。

C. 信息只需在工作团队中分享。

D. 所有事情都需要对每个人可见，以此来鼓励自发式领导力。

3. 关于自组织

A. 人们需要定义好的流程才能保证效率。

B. 自组织只能用于小团队，并且只能完成简单的、描述清晰的任务。

C. 自组织对于日常任务来说很好，但不能处理紧急的重大问题。

D. 团队能够解决问题，如果他们拥有自主权，他们就能尽力做到最好。

评估你的答案

A. 你有纯粹的"领导者—追随者"思维，因此，你与敏捷领导力的概念差距还很大。

B. 你仍然有着较多的"领导者—追随者"思维，并且你仍然固守着传统的工作方式。

C. 你正在迈出"领导者—领导者"的第一步。成为敏捷领导者是一段旅程，你已经在路上了。

D. 你完全是"领导者—领导者"思维了，你已经内化了敏捷领导力原则。

敏捷笔记　反思你的答案和评估结果，你希望聚焦在上述检测中发现的哪个方面的问题呢？你能做些什么来向"领导者—领导者"的方式靠拢呢？

领导力敏捷度：从专家到催化者

在许多情况下，仆人型领导和"领导者—领导者"型领导的方法简单且够用了。尽管如此，在某些情况下，从不同的角度来看领导力敏捷性还是有帮助的，例如使用比尔·乔伊纳（Bill Joiner）在其著作《领导力阶梯》（*Leadship Agility*）中描述的概念。它关注的是作为领导者的管理者，展示了每个管理者都需要经历的旅程。

从专家到催化者的历程显示了敏捷环境中管理转变的一个有价值的方面。专家是组织 1.0 中的管理者的原型，在组织 1.0 中大多数战术决策都是由管理者做出的。成就者是组织 2.0 中常见的管理者类型，这类管理者专注于实现目的和目标。而催化者则是创建一个有效的、敏捷的组织 3.0 所必需的，在这种组织中，团队可以自我组织，提出具有创造性的解决方案。

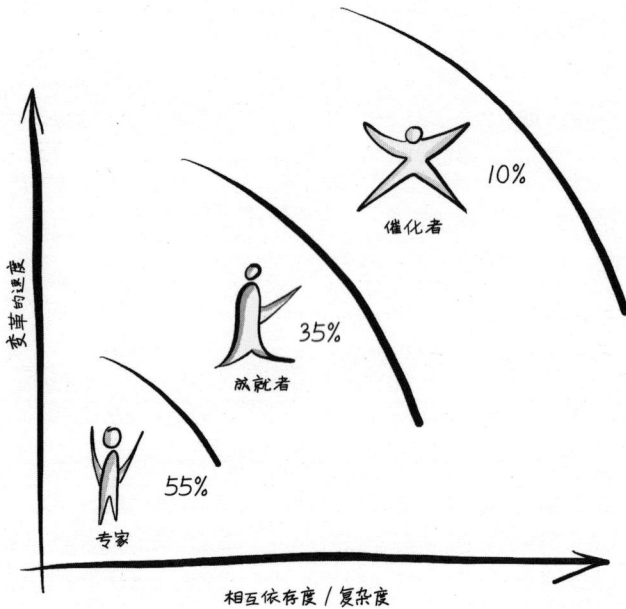

专家

专家的典型是老板或主管——最了解情况的人，因此他们可以利用自己过往的经验为他人提供建议，以自己为例进行领导。乔伊纳在他的文章《领导力敏捷：从专家到催化者》（*Leadship Agility: From Expert to Catalyst*）中估算，目前大约有 45% 的管理者能够在这个水平上工作，而大约 10% 的管理者甚至还没有达到这个水平。这太可怕了。超过一半的管理者是处于专家这一阶段的，他们只能在纯粹的"领导者—追随者"模式下进行领导。他们相信决策，以任务为导向，具有战术性，做法通常是指令性的，甚至是微观管理。他们相信自己是最好的、自己有着很高的水平，如果可以复制自己，一切都会容易得多。他们通常是勤奋的专家和问题解决者。因为他们经验丰富，人们将他们尊为导师。他们保持一对一的关系，注重控制员工和提高个人效率。

信任通常是专家的一个大问题——专家不喜欢给出或接受反馈。在大多数情况下，他们只负责组织中属于自己的部分。他们根本不是敏捷领导者。不过，他们是优秀的工作者和问题解决者。他们非常适合简单且可预测的环境，在这种环境中，自动化和优化流程是领导者工作的核心部分。成为一名专家是领导力之路上有效的一步——这是人们获得自信的根源。然而，专家并不热衷于敏捷；恰恰相反，敏捷之旅对他们中的大多数人来说通常是相当痛苦的经历。当听闻敏捷领导力和现代组织设计等概念时，他们通常会发现这些概念非常抽象且难以理解。他们将整个敏捷概念视为一组实践、规则和职能，并常常将它们转化成更严格的微观管理。"黑暗 Scrum"［罗恩·杰弗里斯（Ron Jeffries）语］和"伪敏捷"的例子在专家型领导中很常见。

成就者

下一个阶段是成就者。比尔·乔伊纳估计，目前大约有 35% 的管理者能够在这个水平上开展工作。成就者是关键人物，他们已经在敏捷之旅中走得够远，他们可以视敏捷为一种思维模式，并感觉到需要改变领导风格。这些人是敏捷转型应该重视的对象，因为他们通常已为进行下一步做好了准备，组织需要他们的支持才能使敏捷转型成功。

成就者仍然相信他们自己的工作方式，但与专家不同，他们至少可以以一对多的关系运作。他们专注于获得认可，他们有策略，有影响力，有时甚至为了达到目的而操纵他人。他们利用会议来推销自己的观点，为自己的想法获得支持。他们主要关注的是结果。他们非常有竞争力，他们喜欢弹性的目标和明确的目的，他们相信好的挑战是最好的动力。他们认为人是实现目标的资源。只要能得到更快的结果，他们就能接受反馈。他们不仅关注员工，也关注利益相关者和客户。

成就者比专家更能处理复杂的环境。但是，环境需要足够稳定，以便用流程和结果度量来描述。正如我所提到的，与成就者一起工作是你敏捷之旅的重要组成部分。他们还不敏捷，但他们对改变持开放态度。他们能够接受这种心态，并将其应用到工作中。他们会来回摇摆，总是热衷于他们能确定的任何指标和目标，但如果你有耐心，他们就会加入并改变。你经常会发现他们是"形式上"的敏捷而不是"身心合一"的敏捷，但是一般来说，他们是愿意着眼于全局的。

催化者

最后，根据乔伊纳的估计，目前只有大约 10% 的管理者能够在催化者的水平上开展工作。这些是拥有敏捷思维的敏捷领导者，他们明白敏捷是更深层次的，超越了实践、职能和框架的。这些就是敏捷的而不仅仅是执行敏捷的领导者。核心的元素是愿景和目的。他们相信，如果你"清晰地表达出一个创新的、鼓舞人心的愿景，并将合适的人聚集在一起，他们就会把愿景变成现实"。催化式领导者关注的重点是创造一个空间，一个人们可以成功的环境。他们关心能够产生多对多关系的文化，他们关注合作、透明和开放。

催化者赋予周围的人力量，并与团队而不仅仅与个人合作。他们善于处理复杂的情况，寻求不同的视角和多样性，寻找具有创造性的解决方案。他们是包容的，不会用任何界限来限制与他们一起工作的人。他们自己可能很脆弱，他们会强调犯错也没关系；他们以安全为前提，鼓励坦率的反馈和实验，让人们得以从失败中学习。

他们是很好的教练和引导者，帮助他人成长。正是有了催化者，组织敏捷之旅才真正开始。如果没有足够多的具备催化者思维模式的领导者，业务敏捷性就不会出现。

敏捷小测试

作为一个领导者，你的立场是什么？为下面每个问题选择一个答案。

1. 对你来说什么是最重要的？

A. 战术。

B. 战略。

C. 愿景。

2. 对领导者的最佳描述是什么？

A. 领导者受他人尊重，被他人追随。

B. 领导者要能激励他人。

C. 领导者需要为他人赋能。

3. 关于给出和接受反馈，最准确的说法是什么？

A. 不必要。

B. 反馈可能是有帮助的，我愿意偶尔使用它。

C. 我积极主动地寻找机会从反馈中学习，并帮助他人从中学习。

4. 你更偏好以下哪一项?

A. 建立一对一的关系（个人）。

B. 形成一对多的关系（团体）。

C. 促进多对多的关系（团队和网络）。

评估你的答案

A——专家；B——成就者；C——催化者。

敏捷笔记   反思你的答案和评估结果，你希望聚焦在上述回答中发现的哪个方面的问题呢？你想做些什么来向催化者的方向靠拢呢？

自我觉察和意向

皮特·贝伦斯（Pete Behrens，Trail Ridge 咨询公司创始人和管理合伙人）

在我对领导者的辅导过程中和在我自己身上，我发现了催化式领导力最困难的两个方面，那就是缺乏自我觉察，以及领导者的期望意向与周围其他人的感知意向不匹配。大多数成就者都认为自己是催化者，因为在他们看来，他们会让其他人参与谈话、参与决策，就像催化者所做的一样。然而，这类领导者的旁观者可能会看到非常不同的行为。领导者自身的认知偏见和盲点让他们无法像周围的人那样看待自己。

最近，这成了我在个人领导力实践方面一个特别关注的点，原因是由于我的一次明显的失败。我从失败中学到了很多，我觉得我们需要更欣然地庆祝失败。举个例子，今年，我为我们 Trail Ridge 团队雇用一位新成员，她的角色一半是首席运营官，一半是高管教练。候选者是一位经验丰富的领导人，她参加了我们的领导力意识和实践项目两年之久。她有出色的领导经验，并证明了自己是一名有成效的教练，或者说指导者。我很了解她，但我的管理合伙人团队并不了解。

我需要做一个选择。我可以直接雇用她（这意味着我将扮演专家的角色），也可以让管理合伙人相信她的价值（我扮演的是成就者），又或者我可以与公司一起共同为她创造一个职位（我充当一名催化者）。我的意向是选择催化者之路。我把她的简历发布在我们的工作区上，向大家征求意见，看如何能最大化利用她的技能来发展 Trail Ridge。由于我们还没有制订出她的薪酬方案，我同样就如何构建方案征求了团队的意见。我们雇用了她，在接下来的几天至几周内，她成了我们的领导团队和教练组中重要的一员。催化型领导者赢了！又或者没赢？

虽然我的愿望是共同创造，但其他管理合伙人感觉到的却是操纵。什么？一位管理合伙人说，我早已经决定雇用她了，他们这些人只是顺水推舟而已。他们觉得自己的反馈对决定并没有任何影响。对他们来说，我扮演的是成就者的角色。成为催化者这个件事很难。最糟糕的是，直到几周后，当我回顾"领导力敏捷度360度评估"（Leadership Agility 360 Assessment）对自己的反馈时，我才发现这一点。合伙人们当时并没有与我分享他们的这个想法，后来才讲出来。

我对自己今后的建议是要做得更加明确，把问题分解成更小的步骤，从而更透明。在那样的情况下，我应该告诉团队我将雇用新的领导者（已做出决定），但我不能完全确定如何构建其角色（寻求意见）。因此，未来我会更好地评估自己的思维过程：什么是自己已经确定的，什么是自己愿意持开放态度的，以及自己在当前这个问题上的立场。

下面的测试将帮助你认识你的组织所需要的领导力风格，并为你当前拥有的领导力风格绘制一幅可视化地图。根据这个测试，你可以思考你的领导力风格有什么需要改变的地方，以及如何帮助你组织中的其他人培养组织所需的领导力风格。

敏捷小测试

为你的组织中的领导力创建一幅可视化地图。根据回答，在下面的插图中做标记：

1. 你的领导力敏捷度怎么样？你更接近专家、成就者，还是催化者？
2. 你认为你的组织在变革的速度、相互依存度和复杂度方面处于图中什么位置？
3. 你认为你组织中的其他领导者处在哪个位置？他们是专家、成就者还是催化者？

4. 为了适应业务复杂性和变化速度的需要，领导者要做出怎样的转变？（在图中画一个箭头。）

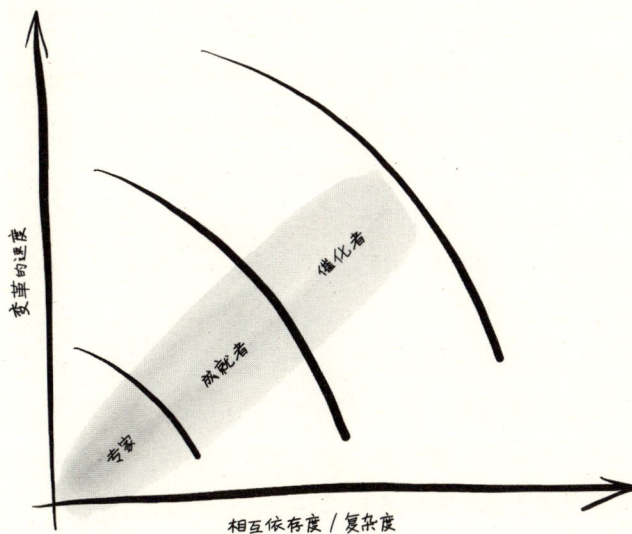

敏捷笔记	你准备做些什么来培养所需的领导力风格？你准备如何帮助他人？

敏捷领导者之旅

虽然前面的所有概念都是有用的，但它们只是一些理论，帮助你去了解你自己如何看待自己的转型。在不同的时候，可能不同的模型对你成长为敏捷领导者将有帮助。这是一个持续的旅程，是永不停息的个人发展之路。

无论你现在在哪里，你的敏捷领导者之旅都要从理解你为什么会在这里开始。有一种使命感推动着你去追求它，推动你去解决路上的任何挑战，不管它有多困难。这需要高度的诚信，因为只有人们信任你，他们才会跟随你；同时也需要积极的态度和良好的观察、倾听技能，这样你才能从反馈中学习并不断改进。正如罗伯特·J.安德森（Robert J. Anderson）在接受《福布斯》杂志采访时说的那样："我们相信，成为一个更好的领导者与成为一个更好的人的过程是完全相同的。两者都是能使我们超越现在的自己的转型过程。VUCA 世界里的领导力要求我们进化成一个更高版本的自己——一个更有能力、更清醒、更成熟、更明智、更真实、更勇敢、更在意他人的观点、更有目标感的自己，同时我们也支持其他人成为这样的人。"

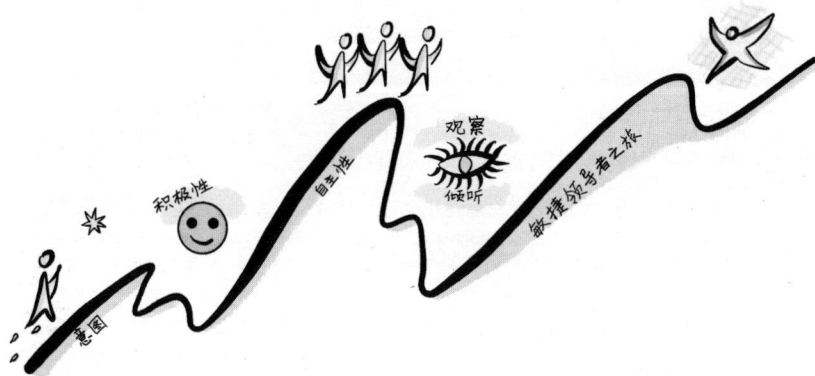

他们的 ———
答案
The
Agile
Leader

我第一次尝试做一名仆人型领导者，让我周围的团队找到自己的工作方式时，我还没有准备好放弃自己的想法并给他们空间。他们进行了反击，给了我一些我绝对不会引以为豪的反馈。这很难接受，因为我的本意是好的。然而，在其他人看来却不是这样，而我所能做的就是接受他们的反馈并道歉。令我吃惊的是，他们很愉快地接受了我的道歉，第二天我们能够以一种更具协作性和更开放的方式继续工作。

另一种失败更难克服，需要进行多次尝试。当我没有足够的耐心去倾听所有不同的观点，试图走捷径时，这种失败就会发生。与团队合作、挑战他们的现状，从来都不是一件简单的事，而我的大部分工作就是为了做到这件事。团队所面对的问题是相似的，所以你迟早会掉入这样的陷阱，即你以为自己已经看出了状况，知道自己需要做什么。就在那一刻，你又一次意识到你没有先听取所有人的意见就采取某种做法错得有多么离谱。有时我有机会去改正，有时却没有，而我会继续。成为一名敏捷领导者是一段不断从反馈中学习并找到更好的做事方法的旅程。它需要时间；有许多概念需要练习，因为它们正在改变你的内隐反应和习惯。我离完美还很远，但我正在进行我的旅程，正在从反馈中学习并提高自己的技能。

意图

一个好的意图会给系统带来能量，并激励其他人跟随。敏捷领导者的旅程始于一个意图，一种更高的价值感。如果没有这种价值感，组织将永远不会这么好。

The Agile Leader

敏捷领导者的旅程始于一个意图。

在敏捷领导者的世界里，意图不是关于"如何做"的。敏捷领导者之旅的步骤是灵活的，它们由你周围的团队共同创建，可以根据环境和反馈而改变。你的职责不是设计这些步骤，也不是设定任何目的和目标。找到正确的方法取决于团队，而领导者的工作是创造环境，让其他人都能茁壮成长。你发现它的迷人之处了吗？它能促使你每天工作吗？你的内在意图是关键驱动力。

他们的 ——
答案
The
Agile
Leader

我从未想过自己开公司，也从未计划过成为一名培训师和教练。这些事只是发生在我身上，而当时我没有拒绝。我没有设定任何个人目标，所以如果你问我到年底想实现什么，我不知道。但我总是乐于帮助别人，让他们拥有更好的工作环境。因此，我花了很多时间与人们交谈，向组织介绍各种教练方法，建立扁平架构。我与客户一起工作，所以我加入了 Scrum 联盟。我的意图始终如一：改变世界。我知道这听起来像陈词滥调，但这是我唯一的驱动力。我能产生影响吗？那我就去试试吧。

我与大家分享一下我决定写第二本书的原因。的确，人们喜欢我的第一本书，但我觉得有一种强烈的需要去传播信息。我在教授很多认证 ScrumMaster 课程时，得到的反馈是"哇，我以为我理解了，但现在我看到了不一样的东西。这让我大开眼界"。一开始我感觉很好，但后来就受不了了。即使我是去大班课授课、每周去 3 次（这已经是很大的工作量了），但我能教多少人呢？有多少 ScrumMasters 还在挣扎，没有机会了解这个角色的真正含义？我感到沮丧。不管我的课有多好，我都不能改变这种状况。于是我想，也许是时候写本书了。这就是《有效管理敏捷团队　快速成为优秀的 ScrumMaster》一书诞生的原因。要改变现状，要改变世界。这就是我对某些工作说"是"而对其他工作说"不"的原因；

这就是我设计了自己的敏捷领导力发展计划的原因①；最后，这也是我写这本书的原因。这一切都与意图有关，因为如果没有意图，你就会迷失。机会太多了，很难知道如何做出正确的选择。

敏捷小测试

你的意图有多强烈？为下面每个问题选择一个答案。

1.你的工作有多吸引你？

A. 我觉得工作就是工作，我不会把它带回家。

B. 我有时会对正在做的事情充满热情，但不是每天都这样。

C. 在空闲时间，我经常思考如何改进工作中的事情，我会与朋友和家人谈论这件事。

2. 想象一下：不管你是否为这家公司工作，你都能得到相同的薪水，那么你还会来上班吗？

A. 不可能。我再也不会去了，我这辈子还有更好的事要做。

B. 当有挑战需要我帮助应对时，我会偶尔出现。

C. 是的，我需要去那里工作，这很重要。

评估你的答案

你的得分为 ＿＿＿。（每答一个 A 得 -1 分，每答一个 B 得 0 分，每答一个 C 得 1 分。）

---

① 在认证敏捷领导力（Certified Agile Leadership，CAL）课程之后是一个由 Scrum 联盟认证的为期 7 个月的发展项目。

如果在评估中你得了 1 分或 2 分，请花点时间写下你作为领导者的意图：你的意图是什么，你想实现什么？为什么这对你很重要？

如果你得了 0 分，请花点时间想想你的组织：是什么让你对工作充满热情？为什么你的存在、你对组织的帮助很重要？如果你能找到足够好的理由，就再想想你作为领导者的意图。

敏捷笔记	你作为领导者的意图是什么？

敏捷笔记	对你而言工作中重要的是什么？

你的得分是负数？别担心。为了改变你的答案，请想想你的组织在哪些方面需要改变。尽管你自己没有足够强大的意图，可能令你很难全面地应用敏捷领导力，但敏捷领导力仍然适用。领导者需要先行开始，组织才会跟随。拥有更高的进化意图是任何敏捷组织的先决条件。

敏捷笔记	为了给你一个强大的意图，你的组织需要改变什么？你能为它做些什么？

积极性

敏捷领导者之旅需要极高的积极性。你要告诉周围的人，说他们很棒；你要认可他们的工作，每天、每周、每年，坚持不断；你需要抓住他们的高光时刻，与他们一起分享他们的成功。如果我们关注的是成功而不是失败，那么人们的大脑会更有效率，你需要改变你大脑中的模式，以释放人们的潜力。在任何困难时期，例如你试图在习惯、心态或工作方式等方面上做出重大改变时，积极的态度会产生巨大的影响。

假如你有一个银行账户，若你的余额很多，那么在发生一些事情时，例如

你收到一张停车罚单，你可能对这件事非常不高兴，但你会把它当作经验，你忽略罚款，然后继续前进。而如果你的账户余额很少，那么罚款将是毁灭性的，因为你可能没有足够的钱支付所有的费用，可能你在这个月剩下的时间里只能吃干面包。你会非常消极地对待这种情况，会变得具有防御性或容易责备他人。

积极性水平在你的组织中发挥着类似的作用。积极性越高，系统就越有可能处理任何消极问题，并从中学习。即使是取得很小的成就也要庆祝，让人们欣赏自己的成功。即使是一些小事进展顺利，也要开心。换句话说，就像柯林斯基的"现代敏捷"所建议的那样"令人卓越"。积极只是一种感觉。你可能听说过半空或半满的杯子，对吧？乐观的人认为杯子是半满的，而悲观的人则总是认为杯子是半空的，甚至如我的一些同事所说的"几乎是空的"。然而，还有另一种观点。最近我在一堂课上讨论了这种观念，其中一位敏捷教练说："杯子是满的。"当我们惊讶地看着他时，他说："里面一半装满了水，一半装满了空气。"很有趣，不是吗？能否积极，只是一个角度的问题。

另一个提高积极性的方法是重新考虑你对待失败的态度。你认为失败是一件坏事，你需要找到负责人，经常进行追责，还是把失败当成改进和学习的机会？这种小小的视角改变会带来巨大的不同。

积极的态度不需要额外的费用。这只是一个不同的习惯。

敏捷问卷

　　下面哪一个描述最符合你的组织？从每一组里选出一个答案。

当问题出现时……

我们需要找出谁将为它负责。每一个行动都有其后果。

我们必须从中吸取教训，并找到一些可以采取的措施，以确保这种情况不会再次发生。

当团队取得一个小小的成功时……

什么也不会发生。这就是他们被寄予的期望，他们只是做了他们的工作而已。

我们一起来庆祝，去喝一杯，买些蛋糕，或者吃顿午饭。

当有人帮助你时……

说声"谢谢"就完事。

给他们带点小礼物（巧克力、感谢卡等）。

当没有特定的理由进行庆祝时……

我们不庆祝。平常而普通的一天就让它一如平常。

即使没有特别的理由，我们也会经常从家里带些好吃的，或者从街角咖啡店买些蛋糕，和团队分享。

你很可能已经意识到，你给出的选择越靠右，组织积极性越高。

敏捷笔记　你能如何提升你的组织的积极性呢？

倾听

要成为一名成功的敏捷领导者，你还需要有很强的自我意识和对周围整个系统的认识。倾听技巧至关重要。"倾听我""倾听我们"和"倾听世界"这三个层次的概念，描述了在谈话过程中你的大脑可关注的不同事物。

第一个层次，"倾听我"，是最常见的一种。你留神倾听自己的理解和学习，这样你就知道如何应对。你让你的大脑转移目标、建立联想，寻找任何你能分享的、与你听到的内容有关的个人经验，寻找任何你能给出的建议，寻找任何你能从中进行学习的东西。例如"这是去年发生在我身上的事情""你必须试试这个"，或者你只是在脑海中想"这很有趣，我下次可以与我的团队一起试试"。一切都是与你有关的。

第二个层次，"倾听我们"，即专注于另一个人或一群人，在你与对方之间建立一个沟通渠道，从而让你成为一个好的倾听者，去帮助对方表达他们的感受、提高他们对这个话题的认识。这种倾听渠道经常被用在教练过程中。你压制住自己的任何想法话题已经不再是与你有关的了，而是与其他人或与团队有关。这是一种积极的倾听，你不分享任何建议或想法——你甚至得试着不去想它们。你把所有的感觉都集中在其他人以及他们的想法、感受和需求上。你的角色是帮助他们表达自己的思考和想法。

第三个层次，"倾听世界"，即专注于你周围所发生的事情。这一层次与背景和环境有关。在这个层次，你对对话的意识主要在它的本质层面。你可以感受到人与人之间的能量，并专注于能量的变化。你可以听到所有遥远的说话声和环境音，你可以感觉到风从空调中吹出来。这个通道没有限制，它包含了一切。它在引导过程中非常有用，作为一名引导者，你需要关注对话的流动，而不是影响对话的

我

我们

世界

内容，这也是你在关注文化、团队精神等不太具象的东西时所需要的倾听水平。

敏捷笔记　试着在这三个层次上练习倾听。认识到哪种层次的倾听你进行得最频繁，哪种层次的倾听对你来说最舒服。在"倾听我们"这个层次，你开始注意到了什么？在"倾听世界"这个层次，是什么引起了你的注意？

如果你想在系统层面上倾听，那就不仅仅与这三个倾听层次有关了。倾听系统的声音需要你所有的感官。任何正在发生或没有发生的事情都是系统发出的信号：安静、沮丧、抱怨、唠叨、责备、相互支持、笑声、人们的自愿行为、不同的肢体语言、恐惧、防御、开心等（如图 3-1）。

还有一些信号是很难感知的，就像幽灵一样。它们起源于不同的背景，由童年经历、工作经验等过去的体验所驱动；它们也可能是我们的文化遗产和社会的一部分。除非你意识到它们，否则它们就是无形的、不可预测的。

图 3-1　在一次头脑风暴会议上关于系统级别信号的例子

他们的 ——
答案

The
Agile
Leader

我记得有一次，来自以前工作中的糟糕体验的"幽灵"，彻底改变了原本有益的对话。那时团队已经开始实施 Scrum。那时我们正处在第三个冲刺的末尾，表现很好；管理层很支持我们，没有给我们太多压力，可以说那是个相当健康的环境。可是当回顾会上谈起修复缺陷的情况时，一位经验丰富的开发人员却暴跳如雷，他说我们没能跟踪缺陷，还将缺陷归咎于开发人员。我们惊讶地看着他，因为责备在这个环境中并不常见。他的一位同事解释说，在之前的工作中，他有过非常负面的经历，因为他不能毫无恐惧地谈论它，因此这个话题在小组中是个禁忌。我记得，我们带着好奇和尊重接近了该话题。我们是很好的倾听者，专注于"我们"这个层次。通过这个过程，我们帮助他讲述了之前工作中的负面经历，讲述了他的沮丧，讲述了他被背叛和利用的感觉。当他快讲完的时候，他意识到我们都在听，于是他停了下来，脸上露出困惑的表情。我们问他为何停下，他说这是第一次人们没有试图与他争论，而是真正地倾听他。短暂的停顿之后，他补充说，他已经准备好继续前进了。

"幽灵"是不理性的，逻辑论证也无助于减少它们的影响。好的倾听和好奇心是一个很好的开始。只有当"幽灵"被隐藏起来、人们害怕谈论它们时，它们才有力量。一旦你帮助人们发泄他们的沮丧，"幽灵"通常就会失去力量，变成一个好笑的故事。

要成为一个好的倾听者，放手让事情顺其自然的能力至关重要。事情与你无关；没有人要求你去评判或同情这个人和他所描述的情况。你很少能设身处地地为别人着想，而且大多数"幽灵"在背负着它的人之外的其他人眼里是荒谬的，这种状况于事无补。**每个人都是对的，但只是部分正确，你永远不能与感觉争论。**

自主性

自主性是敏捷的核心概念之一。然而，大多数人在开始他们的敏捷之旅时都会为之苦苦挣扎。要接受自主性，你需要对系统高度信任。你需要相信，团队总能想出比任何个人所想出的更好的主意，而如果他们想出了更好的解决方案，并不意味着你不够好。恰恰相反，这表明你是伟大的领导者，你能创造一个让别人成功的环境。

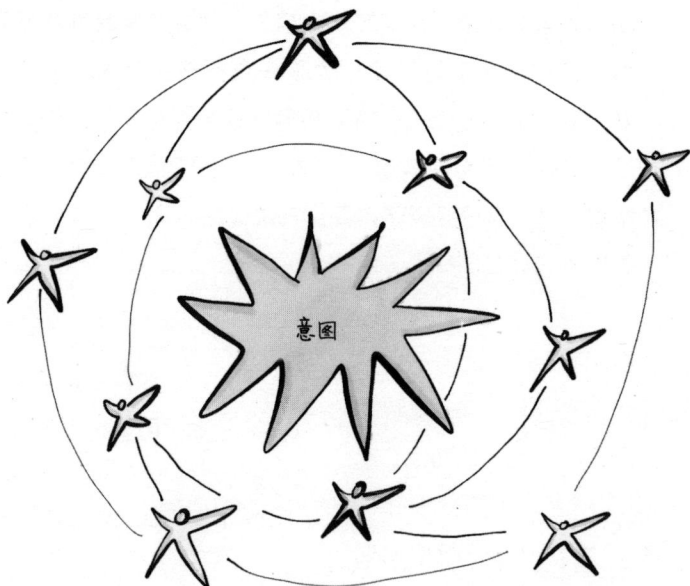

丹尼尔·H. 平克（Daniel H. Pink）[①]认为，与意图和掌控力一样，自主性也是关键的动机之一。然而，让自主性成为你的文化的一个组成部分是最难的。一般来说，自主性是自组织和协作最重要的组成部分。它需要大量的自信和随时放手的准备。它也需要勇气。它是组织中经常被忽略的敏捷价值观之一。说到底，人们不是为组织工作，而是为伟大的领导者工作。成为伟大领导者中的一员吧。勇敢点，放开手，相信你周围的团队会解决问题。

他们的答案

The Agile Leader

当我加入新的部门时，我知道我不想建立任何等级制度。我觉得，如果有一件事是我知道如何做得比我们组织中的其他人更好的，那就是建立自组织的团队。我相信，协作的团队环

[①] 平克是"50 位最具影响力的思想家"之一，是一位趋势专家。他所著的《驱动力》《全新思维》《全新销售》讲述了他对商业趋势的敏锐洞察，长期占据畅销榜单。这几本书的中文简体字版均由湛庐引进、浙江人民出版社出版。——编者注

境总是能比在筒仓中单独操作的人想出更好的解决方案。我相信，去中心化的分散架构比中央集权的实体在变更响应方面更好。我认为我作为领导者的角色纯粹是一个环境建设者。我必须为团队创造一个安全的空间，这样他们就可以专注于向客户交付价值，并能自由地提出创造性的解决方案。事实上，愿景和组织意图是关键。如果没有它们，团队将无法向同一方向前进。

我很幸运，我们已经有了愿景和意图。作为一个组织，我们知道自己是谁、不是谁。然而，这种组织层面的自主权是一种新事物，许多人，尤其是其他主管，发现它难以理解。下面是我的经验所得：你不能向外部的人们解释自组织是如何工作的。他们需要体验，这很难。你需要处理他们所有的疑虑，比如：为什么所有这些团队不会朝着不同的方向前进？这一切是如何联结在一起的？

在这个层面上我还没有任何数据或经验。当时我所能做的就是以意图为中心。如果你给别人自主权，那么拥有一个共同的意图是关键。其原理就像我们的太阳系，所有的行星都绕着太阳转。我从未将自己的愿景解释为扁平组织或敏捷。我用"我们想要成为谁"这一愿景来保持竞争力，并通过这个愿景的镜头来描绘正在发生或可能发生的事情。我有意地分享了一些伟大的故事，故事中的团队做了一些了不起的事，比如为我们的客户提供了出色的服务，或者创造了一些独特的、以前没有做过的东西。我想我是幸运的，因为没过多久我们就都能看到这种工作方式的影响。人们的疑虑消失了，越来越相信团队可以拥有更高层次的自主权。

敏捷问卷

想想你的团队。从 1 分到 10 分，你认为你们的自主权处于哪个水平？

1	10

我们一直等待，直到别人给我们分配任务。

我们定义自己的任务（自我指导）。

一起工作时，我们遵守规则和流程。

我们决定我们如何一起工作（自组织）。

我们需要一份详细的工作说明。

在需要的时候，我们去找出缺失的东西。

流程应描述所有可能的情况，以创造安全性。

我们不怕成为主人翁，不怕承担责任。

你的答案越靠右，环境的自主性就越高。

敏捷笔记　你如何提升你所在环境的自主性呢？

成为敏捷领导者
The Agile Leader

- 成为一名敏捷领导者不是拥有一个职位，而是拥有一种心理状态。

- 敏捷领导者不需要职位权力，而是利用影响力。

- 敏捷领导者的旅程始于一个意图。

- 组织意图对于自主团队来说至关重要。

第 4 章
成为敏捷领导者的 3 个步骤

敏捷领导力模型是基于 ORSC[①] 的敏捷领导者的指导性心理模型。敏捷领导模型的核心要素是系统。这个系统建立在社会联系，以及人与人、人与团队的关系之上。这是发生在人与人之间，而不是发生在人身上的事。它是无形的，很难度量，但你仍然可以看到它、听到它、感觉到它、感知到它，并与它一起工作。这就像在一片看不见任何东西的白云中滑雪或溜冰：你知道你在下坡，但你看不到；有时你的眼睛甚至会欺骗你，你走错了路，只能停下来，这时才发现自己正要上坡。到头来，你所能做的就是依靠你的感觉和直觉。去感受斜坡吧，用你所有的感官去找出下一步该怎么走。

这与敏捷领导力类似。你需要训练你的大脑来改变你的旧习惯。不要让自己只被数据指引；超越它们，训练你的感官去觉察到团队、部门和组织中的关

---

① ORSC 为 "组织和关系系统教练" (Organization and Relationship Systems Coaching) 的首字母缩写。

系和能量。要能够利用关系系统智能，"超越情感智能（与自己的关系）和社会智能（与他人的关系）是关系系统智能的领域，在这一领域中，关注的焦点转变为与群体、团队或系统的关系"。

敏捷组织更多地关注主观的部分，即人的方面，在这方面健康的关系至关重要。许多组织的敏捷转型之所以失败，仅仅是因为没有一个准备好应对这种变化的系统。这个系统就像神奇的胶水，把团队和组织粘在一起，形成一个整体，也给它们所需的任何灵活性。

敏捷领导力模型帮助领导者从不同的角度看待组织，与系统保持联系，并通过以下三个步骤释放潜力：觉察到它，接纳它，采取行动。

我们来看一个非常简单的例子。假设你有几个团队正在开发一个产品，系统时不时因为有人没注意到质量，也没执行所有的测试而崩溃。团队开始感到沮丧。你听到很多抱怨，你能感觉到愤怒，四种有害的行为，E. 利西塔（E. Lisitsa）称之为"有毒行为四骑士"——批评责备、防御、蔑视和阻挠越来越常见。如果你开始倾听，你会意识到，很多不同的声音和观点往往彼此矛盾。当你从这么多不同的角度看问题时，很难找到一个明确的解决办法。这是一个典型的复杂问题。这一步就是获得觉察的步骤。

第二步，接纳它。这一步发生在当你意识到这是一个复杂的系统问题，因此没有办法评估它，也没有正确或错误的答案时。你只能从不同的视角来理解这个问题，你必须接受它。只有这样，你才能在系统级别上对它采取行动，并轻启系统来发起改变。例如，你可以组织一个开放空间或世界咖啡工作坊，让系统的创造力发挥作用。这两种大规模的引导技术都是基于系统自组织的，因此有很大的潜力来帮助团队找到共识，并想出一些可以尝试的实验。正如你可能会看到的，这是一种非常灵活的工作方式。这一切都始于一个领导者，这个人准备好了开始他或她的敏捷领导者之旅，从一个集权的、以个人为中心的思维模式，转变为一个去中心化的、自组织的世界。

觉察到

敏捷领导力模型的第一步是觉察到系统中正在发生的事情。你要学习如何倾听系统的声音，如何看到当前现实中的多样性和丰富性。

每个组织都是一个不断发出信号的系统。你所要做的一切就是觉察到它、注意它，并倾听它。第一个步骤帮助你选择一个好的视角，这样你就可以从上方看到整个系统。这就像站在瞭望塔上，从远处观察你周围发生的一切。站在这样一个有利的角度，你在某种程度上就把自己与日常运作分开了，你看不到个体的细节，你也听不清楚，但是，你有良好的视野，能够了解组织中所有不同的观点、趋势、情绪和

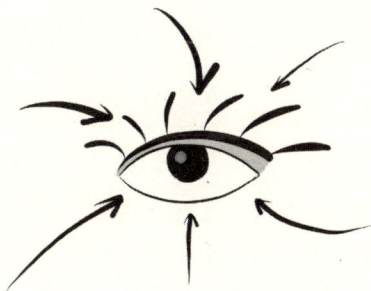

能量水平。

在这个阶段，你需要成为一个好的倾听者和观察者。抑制住任何冲动的念头。你需要足够的时间，并培养一种接近"禅"的态度——缓和自己的想法，拥有平静的头脑，准备好让事情顺其自然，让自己敞开胸怀，倾听来自系统的新声音。

拥抱它

第二个步骤帮助你接纳它，并接受系统中发生的一切。这样做时，不要急于评估情况或立即解决任何问题。毕竟，谁知道什么是对，什么是错？现在看起来很糟糕的事情，最终可能会变得很好。比如，因为缺陷系统宕机一天，让我们承担了很多压力，蒙受了很多损失，但它可能是一件好事，因为它帮助我们改进了系统和产品。又如，因责备团队中的一名设计师而引发的矛盾，在当时不是好事，但最终它令我们比组织中的其他团队更强大，现在我们用相互间的关系纽带来防止这种情况发生。我还可以举出许多其他例子。

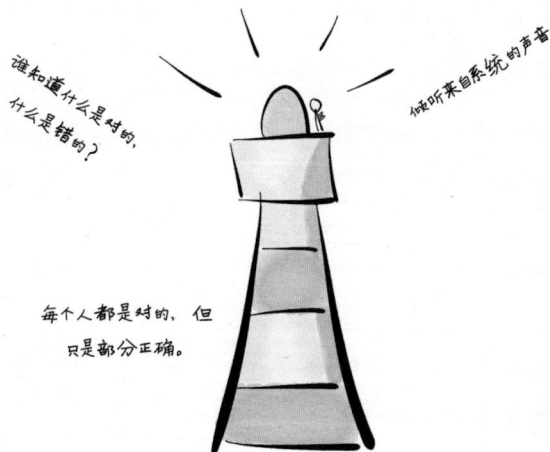

谁知道什么是对的，什么是错的？

倾听来自系统的声音

每个人都是对的，但只是部分正确。

从系统的角度来看，没有对错之分。在任何给定的时间里，许多事情都会同时发生，当你推迟一分钟再下判断时，你就会意识到"每个人都是对的，但只是部分正确"。在这个阶段，你的力量来自你获得足够的明确性的能力，这将建立你对整个系统的信任。回到前文的比喻，站在瞭望塔的顶端可以阻止你偏袒任何一方，所以你可以很容易地说"它就是它，既不是对的也不是错的。它就这么发生了"，并坦然面对它。接受它，接纳它，不要评判它。

行动起来

第三个步骤是行动起来。它是关于使用在前一步中获得的力量去影响事物并改变系统动态和行为的。它不一定是重大的改变——一个以辅导问题形式出现的小小冲力，或者环境的一个小小改变可能就足够了。这就像轻打方向盘，让它再稍微转一点点：你可以通过设想一个问题，引导关于某个话题的对话，专注于听到更多的观点并对它们更好奇，对想法进行更深入的辩论，组织研讨会，进行试验、辅导、指导，尝试一种特定的做法，避免另一种做法，改变一个流程或一份指南，实施一个方法或框架，初始化一个结构调整……这份清单永远列举不完，清单上有无限数量的行动可供选择。因为可以尝试的行动没有对错之分，无论你选择什么，系统都在不断地变化。你可能会以某种方式影响它；然而，每一个系统都天生富有创造性和智能，并将以自己的方式做出反应。下一个步骤是你回到瞭望塔，去觉察现在正在发生的事情，接纳这些变化，并为下一次轻打方向做好准备。

将它整合成一个闭环

为了给你提供整个过程的一个小示例，我们假设你刚刚开始敏捷之旅。这些团队已经接受了培训并开始运作；有些团队比其他团队好，但所有团队都在努力。你仍然会从各方听到认为旧的工作方式更好的声音，但大多数人都在新的方式上投入了大量精力。你面临的最大问题是对本地供应商的依赖。外部供应商素质有问题，他们缺乏对业务的理解，而且经常延期。如果你不做些什么，你就无法进行下一次交付。

典型的反应是对情况进行评估，然后进行升级，这种做法很少能在实际交付时及时解决问题。如果你准备好以敏捷领导者的方式来处理这个问题，那么你就会意识到评估是没有用的。它只会让你产生错误的期望，甚至因无法达到预期而感到沮丧。敏捷领导者会从系统的角度来看待它，没有对错之分，只有观点之别：

- 从采购的观点来看，供应商给了我们灵活性，在某些情况下，甚至有能力做一些我们内部未能掌握相关技能的工作，所以没有问题。
- 从团队的观点来看，供应商很糟糕，我们需要解雇他们，然后自己动手做。
- 从供应商的观点来看，我们需要提供更好的需求说明。
- 从管理的观点来看，产品能够在最后一天发布就是好事，因此我们可以忽略这个问题。

我可以继续列举，但我想你已经明白了。

敏捷领导者了解所有不同的视角及其对组织的影响。这与大多数人的做法并没有太大的不同，但当这种觉察变成有意去做时，你会看到更多的角度。它会帮助你完成下一个步骤——接纳它，而该步骤则与大多数人的习惯是非常不同的。当你学会如何停止评估情况，信任系统时，变化就会发生。

意识的质量实际上预先决定了你接纳情况的能力。这与复杂性有很大的关系，这也就是敏捷诞生的原因。如果你只关心少数几个观点，那么你就无法看到整个系统及其中的交互作用，并且很容易对正在发生的事情下判断、评估各种选项并选择需要做什么。这种心理过程在一个简单或可预测的世界中是非常有效的，但越接近 VUCA 世界，我们就会有越多的选择，任何准确的评估都会变得极其困难（如果还可能做评估的话）。业务越灵活、变化越多，组织架构和文化就需要越灵活，这就为敏捷领导力取代传统管理创造了条件。

复杂性只能通过复杂性来解决，因此与整个系统而不是与单个个体一起工作是有意义的。

在我们关于外部供应商的例子中，所采取的动作可以小到如下，并可以循环地做：

- 通过组织世界咖啡工作坊，提高每个人对不同观点的认识。
- 进行全面的回顾。[①]
- 根据情况辅导团队。
- 建立一个社区，专注于改善与外部供应商的合作。
- 组织一次开放空间会议，找出一些具有创造性的解决方案。

敏捷领导者不是做出所有决定的人，也不是知道在每种情况下都需要做什么的人，而是创造良好环境并相信系统能够找到最佳解决方案的人。

---

① 专注于跨团队协作的回顾。

让我分享一个我曾经的老东家的故事。该公司正在进行它的敏捷之旅。它从一个 Scrum 团队开始，几年后这个团队成功的消息传开了，所以公司在所有团队中实施了 Scrum，合并了业务方，并增加了 ScrumMaster 和产品负责人的数量。高管团队已经看到了对业务和客户的影响，并开始寻找新的方法来领导组织支持敏捷。有趣的是，他们从给产品负责人发奖金开始，说因为他们是一个团队，所以应该能够拿这笔钱并就如何分配达成共识。你能猜到发生了什么吗？是的，没错。他们还不是一个团队，因此他们更多的是站在个人的立场为自己的利益而战，这导致了一个有趣的局面。周五的时候，他们都同意平分奖金，因为这是他们可能达成协议的唯一方式。到了下周一，其中两个人就回过头来质疑这份协议，说自己比其他人工作更努力，其他人不应该得到相同的金额。作为解决方案，他们提出将剩余的钱归还给组织，而不是分了它，因为他们坚持认为每个人都得到相同的奖金是不公平的。你可能猜到了，这带有个人色彩。运用传统的领导模式，你可能会说领导团队判断力差，整件事就是一场灾难。但如果应用我们刚刚谈到的敏捷领导模式，就没有对错之分，只有不同的观点。那么，让我们来看看其中的几种观点：

- 产品负责人彼此不互助的潜在问题浮出了水面，隐藏了多年的冲突被展开讨论。
- 领导团队了解了团队与一群个体这两个概念的区别。
- 一年多来，受影响的各方都在从冲突中恢复。该事件很有破坏性；然而，从长远来看，也可以说这次事件让他们变得更强大，让他们走到一起。
- 那些被指责为"表现不佳"的人得到了有价值的反馈，即使他们当时没能看到该反馈，但从长远来看，他们会认识到自己也需要向团队其他成员展示自己的价值。

- 中立的产品负责人开始挑战他们作为一个团队的工作方式，并开始寻找变得更亲密的方法。
- 高管团队能够识别并解决一个长期以来一直在破坏这组产品负责人的问题。
- 组织转向了更广泛的产品（不是面向系统的），并应用扩展框架，以交付整体价值，并将筒仓架构最小化。

　　以上只是少许几个观察结果。所发生的这一事件是坏事吗？也许是，也许不是。谁知道呢，对吧？从短期来看，它可能是这样的；从长远来看，可能不完全是这样。这就是敏捷领导力的核心。

成为敏捷领导者
The Agile Leader

- 系统是一个无形的部分，它建立在社会联系，以及人与人、团队与团队的关系之上。

- 敏捷领导者需要提高他们的关系系统智能，将群体作为一个整体来关注。

- 敏捷领导力模式通过三个步骤来帮助领导者释放组织的潜力，这三个步骤是：觉察到，拥抱它，行动起来。

- 在一个复杂的系统中，很难知道什么是对的，什么是不对的。每个人都是对的，但都只是部分正确。

第 5 章

敏捷领导者必须具备的 4 种胜任力

优秀的敏捷领导者具备 4 种核心胜任力：他们能够创造愿景，能增强动力，能获得反馈，能实施变革。此外，他们还需要具备决策、协作、引导和教练等支持性胜任力。然而，优秀的敏捷领导者并非天生如此，他们在不断地发展这些能力。成为敏捷领导者是一段旅程，不管你现在有多优秀，你总能变得更好。

敏捷领导者胜任力地图是一个很好的可视化工具，它可以帮助敏捷领导者了解自己擅长什么，以及需要改进什么。

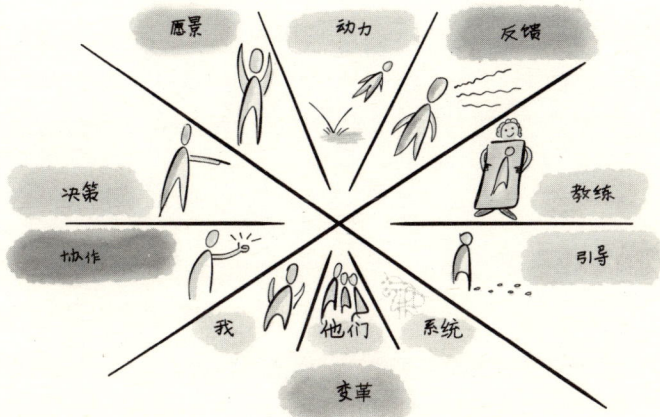

创造愿景

　　愿景是成功的驱动引擎。它不一定与产品有关，但一定与组织本身有关。你可以从问这些问题开始：我的梦想是什么？我们是谁，而不是谁？我们想要去哪里，以及为什么去那里？如果我们到了那里会发生什么？那会是什么感受？会有什么不同呢？如果我们到不了那里会发生什么？有人没能到达吗？这些只是一些教练问题，可以帮助你明确自己的愿景。

　　你可能会说，有成千上万的理论和文章都讲到如何想出一个伟大的愿景。然而，它们中的大多数都是从一个非常传统的思维模式开始的，在敏捷领域中并不是很有帮助。它们太专注于措施和难以达成的目标，忽略了必要性和情绪的本质，它们往往会引出一个大众化的愿景，从而使之被每个人忽视，令所有人都不能真正理解这一愿景或感受到被它鼓舞。也许这就是我更喜欢使用"梦想"而不是"愿景"这个词的原因。梦想有一种未知的神秘感，有一种坚定的积极性在里面，它让人受到鼓舞。不要担心实现梦想的方式与众不同，大胆去创造吧。你可以从画一幅画或想出一个比喻开始。让团队共同来努力，完善整个团队或组织的愿景绝不是一个人的任务。所有团队成员都需要拥有它，需要相信它，需要想成为它的一部分。那是你需要去产生的能量。当人们开始提供帮助和想法，并准备好牺牲个人目标以换取成为更大事业的一部分时，它就会带来创新思维、创造力和增权赋能。

他们的答案

　　我记得在组织里，我们试图重建组织意图，以重振其精神。我们一遍又一遍地看着挂在墙上、展示在我们网站上的空洞标语——"增值解决方案"，但从来没有人向我们解释过这一使命宣言。我们甚至去询问创始元老们。他们感到很困惑，"你们为什么问这个？我们的所做所为还不能让你们弄明白吗？"他们问道。不，不明白，至少我们是不明白的。我们意识到我们需要重建它，让它鲜活起来，这样人们才会被它鼓舞和激励，并按照它来生活和工作。这种转变很有趣，因为我当时认为，应该有人向我们解释一下最初的意图是什么。但没有必要——它就在空气中，藏在我们的本源深处，而我们所要做的就是集中注意力，成为好的倾听者和观察者。我们必须把一个个的点连起来，倾听故事。这甚至都不用花多少时间。我们所做的一切就只是谈论它并问为什么。

在创建一个愿景时，不要害怕面对梦想和隐喻。在我们追寻组织意图的过程中没有魔法，没有确切的流程——只有不断地关注将我们联系在一起的东西和我们共同创造的价值的本质。组织的意图不是在任何演示中创建的，它也不是一些硬性的措施。它通过现实的三个层面而被软化：从感知本质层面到梦想层面，再回到共识现实层面。在大约一个月的时间里，我们为员工提供了一个靠谱的解释，并在多个场合和谈话中进行了测试。我们有一个很好的故事可以告诉新员工，一个足够吸引他们加入我们的故事，一个足够坚实、引导他们迈出作为员工的第一步的故事。我们没有改变最初的愿景的表述，我们只是重新创造了它，把它从沉睡中唤醒，让它再次活过来。"增值解决方案"一语终于变得有意义了。它激发了新的活力，而我们改变了公司的运营方式。我们聚焦在积极主动、创造性和以客户为中心上。我们不仅仅只是交付，我们还努力帮助客户，把客户当成我们的合作伙伴。通过与意图的重新联系，我们让组织重新充满活力，并让它走上通往更美好的未来的轨道。这很神奇。

好的意图能平衡客户、员工和股东的需要。伟大的敏捷领导者从不只关注这个良性循环中的某一群人，所有人都需要被平衡。有些人可能会说，敏捷首先关注客户，通过这样做，它定义了员工需要交付的价值、获得的报酬，从而满足股东。另一些人会说，敏捷首先关注的是员工，激励他们提出具有创造性的解决方案，以满足客户，获得报酬，并让股东高兴。这有点像先有鸡还是先有蛋的问题。一如前例，从整体来看，所有解决方案都治标不治本，只能在短期内有所帮助。换句话说，关注良性循环中的节点只能治标而不治本。有了强烈的意图，关于该把焦点放在哪里的争论就消失了。真的，我们专注于意图，剩下的事情会自行解决的。

敏捷小测试

以下哪一种说法最能描述你们公司的现状？

1.当你与别人分享你们公司的愿景时……

A. 他们对它不是很热心；他们会问你的工作好不好，把话题转到别的事情上。

B. 他们被强烈地吸引，想要了解更多，并且觉得你能在那里工作很幸运。

2. 如果公司明天关门……

A. 顾客会转向别的产品或服务，忘了你们。

B. 顾客会想念你们。

3. 当你问员工他们在组织里做的是什么时……

A. 他们关注的是他们的角色和孤立的工作（例如写代码、测试、进行设计等）。

B. 他们提及价值、业务或组织的愿景（例如帮助人们更好地投资、与组织建立联系、帮助治愈癌症等）。

请评估你的答案。

每答一个 A 不得分，每答一个 B 得 1 分。

如果你在上面的测试中得了 0 分，那么说明你的组织正在渴望明确的愿景，正等待着有人能把它编撰出来。我坚信，没有愿景的组织是不存在的。在大多数情况下，愿景只是被遗忘了，在成堆的日常任务以及问题、流程、变更方案和收购中迷失了。时间也在推波助澜——今天可能没人知道组织成立时的愿景是什么了。回到过去，了解我们的根源是件好事。我们的传统是什么？我们的创始人是谁？是什么样的梦想激发了我们组织的创立？组织的神话是什么？当你开始在组织中问这些问题时，你可能会得到这样的答案："这是公司的愿景和使命陈述；你可以在这个演示中找到"，或者"我们没时间讲这个，还有很多工作要做"，等等。没有人感觉到愿景的激励作用，所以人们会将注意力转移到他们的任务（至少这些任务是明确的）和需要完成的工作上。

而如果你得了最高分 3 分，那你就很幸运了，因为你所在的公司是极少数真正有愿景的公司之一。人们感到强大的能量和成就感。这样的组织更专注，更有创造力，更有创新性，而且已经准备好全面实现组织敏捷性。

现实的 3 个层面

A. 明德尔（A. Mindell）等人描绘了从现实的 3 个层面创建愿景的过程应该涵盖的内容。为了创建一个引人入胜的愿景，你需要经历 3 个现实的层面：感知本质层面、梦想层面和共识现实层面。这是一个非常强大的概念，因为它打开了一个全新的世界，并将创造力和情感带入创造愿景的过程。传统的组织专注于目标、目的和硬性指标："成为市场上的领导者"，或"打造最好的零售服务"，或"提供高质量的产品，同时以对社会负责和环境可持续的方式开展业务"等。真正的组织意图远不止于此：它具有真实性，它带来情感，它是组织的心跳，它给组织一个存在的理由。我们把自己太多地限制在共识现实的层面上，试图让一切都可预测、可度量和精确严密。

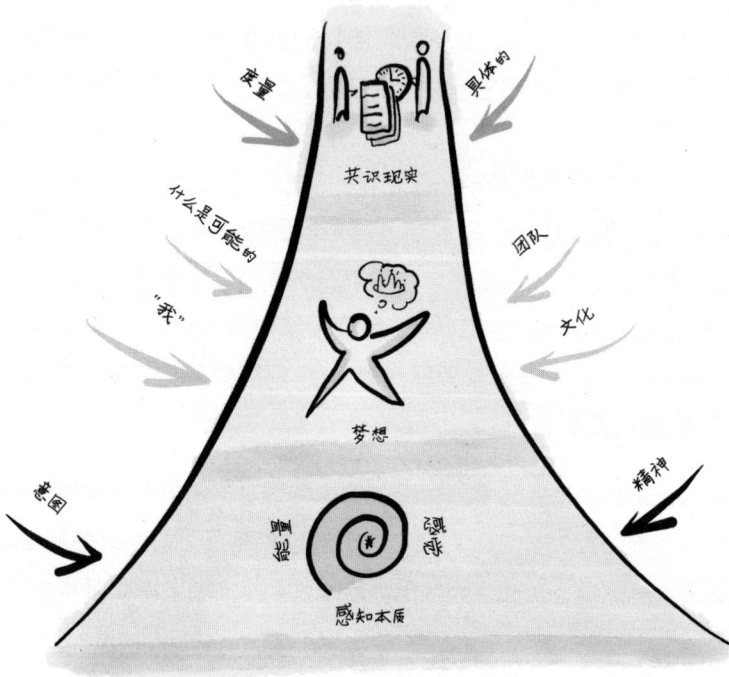

　　现实的 3 个层面模型帮助我们做完全相反的事情，从感知本质开始出发，在该层面中一切都是关于感觉、能量和精神的。那是文化诞生的地方，是愿景产生情感和发展自己灵魂的地方。它是描述隐喻、希望和愿望的层面。不要着急，请在此逗留一段时间。举个例子，你可以问这样一些问题 [1] 来进一步探索感知本质：在最初的时刻是什么吸引了你？你最初的关注点／感觉／体验是什么？描述你早期连接的隐喻是什么？

　　只有当你在这一层面花了大量的时间，本质才会为梦想层面提供足够的输入。梦想层面是关于探索各种可能性和选项的。顾名思义，它揭示了你想要的东西、你的欲望和梦想。举个例子，你可以问这样一些问题：你有什么真正的梦想？你的幻想或希望是什么？你害怕什么？它是团队和协作的基础。在这个层面上，本质被转化并获得了更多的事实特征。它仍然相当抽象，但它逐渐变得更加有形。

　　最后，共识现实使得意图成真，并将之带回我们的日常现实中。举个例子，你可以问这样一些问题：我们是谁？我们想要实现什么？我们的价值观是什么？情况如何？如果你让它们从感知本质到梦想有机地浮现出来，答案将会非常不同。它比仅仅停留在共识现实中的传统流程更令人鼓舞，更有挑战性，更具激励性。我们将在接下来的章节里描述的一些技术中使用现实的 3 个层面，因此你可以看到如何通过它们找到正确的方法，以及这个概念如何在创建意图时发挥作用。

高层次梦想和低层次梦想

　　其中一个有助于提高你对梦想的意识的方法是区分高层次梦想和低层次梦想的练习。高层次梦想是你最纯粹的愿望，此时你所有秘密的希望都将成真，而低层次梦想则被你的恐惧所限制。低层次梦想并不一定是坏事，它们只是反

_____

① 这些问题都是基于 ORSC 项目中的原始神话练习。

映了你的一些恐惧。在这个概念中，我们专注于通过使用现实的 3 个层面来提高对这两种梦想的认识。

换句话说，高层次梦想和低层次梦想是很好的平台，可以让你重新思考你现在的位置和你想要去的位置，并创建一个行动清单，通过这些行动，你能够帮助组织实现它的最高层次梦想。

敏捷笔记

使用现实的 3 个层面作为你导航的标志景观，完成以下操作：

- 首先，关注你对于组织的高层次梦想。它是什么？它看起来像什么？是什么让它如此重要？做一些笔记。

- 然后，把你的注意力转向你的低层次梦想，想想如果事情出错了会是什么样子？它看起来像什么？感觉如何？做一些笔记。

- 然后，想想那些可能有助于实现低层次梦想的因素，并记下它们。

- 最后想想，是什么支撑着你的高层次梦想？你可以采取什么行动，让组织离你的高层次梦想更近？

降低愿景

　　我最喜欢的帮助组织重建或重新连接原始组织愿景的工具之一，是基于 ORSC 练习的降低愿景。这是一种利用现实的 3 个层面模型引导大型群体创建愿景的方法。它要求你在系统教练和大型团体引导方面有良好的经验，且结果极为出色。我将此工具用于产品愿景、组织愿景，使角色与对角色的期望保持一致，以及与需要围绕他们的愿景取得一致的社区。你可以给出一个时间框架，询问参与者 5 年或 10 年后想达到的目标，或者只是说说理想的组织、产品或环境即可。

　　让我分享一个案例，来说明这个过程是什么样的。这个案例来自一个社区聚会，我们在那里寻找我们愿景的一致性，并希望激活社区。主要问题是：敏捷的未来是什么——从现在开始的 5 年内，你认为敏捷在哪里？

第一阶段：我的隐喻

　　整个过程从个体层面开始，每个人都在引导师的引导下通过 3 个层面的现实，一步一步地创造出隐喻性的组织形象。一定要给人们足够的时间在脑海中创造那个形象，并在纸上重现它。例如，你可以从以下问题开始，探索感知本质层面：把你的组织想象成一个真实的或幻想的生物（如图 5-1），它是什么样的？它给你的感觉如何？它的需

图 5-1　我的隐喻示例

求和挑战是什么？它在哪些方面是健康和充满生机的？一定要给

人们一些时间来把他们的想象视觉化，做一些笔记并创作图画。图片总是比文字好，所以鼓励人们画出他们心目中的形象。**形象不需要很完美，事实上，最简单的形象往往是最好的。**

第二阶段：分享隐喻

当人们完成各自的隐喻后，他们组成小团队，分享他们创造的可视化形象，并解释它对他们来说意味着什么（如图5-2、5-3）。团队成员需要尽可能跨职能和多样化，以看到不同的观点。引导师应该确保对话尊重不同的角度，参与者是好的倾听者。在这里好奇心是最好的朋友。人们对别人的隐喻越好奇，接下来的步骤就越容易，他们从整个练习中获得的结果就会越好。

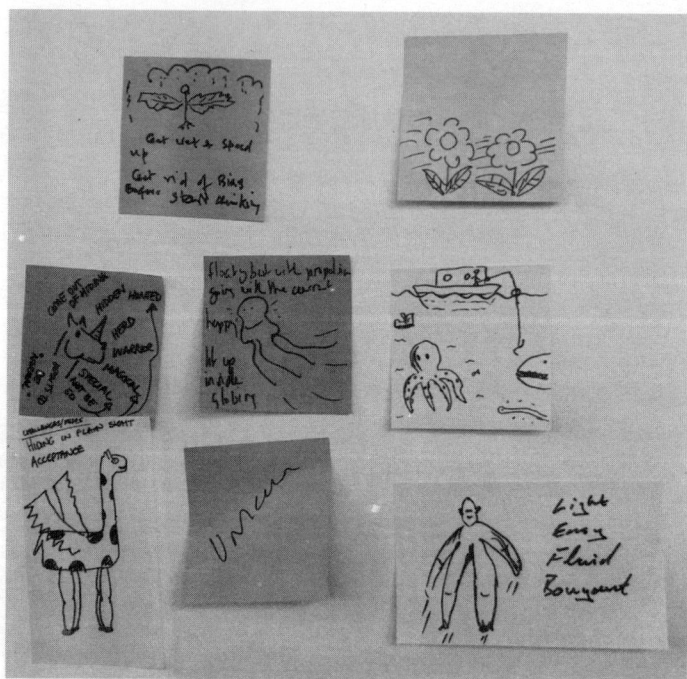

图5-2　用可视化形象分享隐喻

图 5-3　团队成员组成小团队

第三阶段：团体的隐喻

当人们逐一介绍了自己的隐喻形象，他们就开始审视相似或不同之处，并确定组织的优势、挑战和需求（如图 5-4）。他们从谈话中寻找一致性。他们试图创造另一个隐喻，包含他们所有个体的重要方面。他们想象它、研究它、描述它，并准备好与其他小团队分享结果，这样他们就可以融合所有隐喻和梦想的精髓。不必急着把描述定稿，这可能需要一些时间，但是这个过程为创建组织的愿景提供了独一无二的支持。

图 5-4　审视自己和队友的隐喻

这个阶段可以以世界咖啡工作场的形式重复，目的是让更大的群体取得一致性，将团体的隐喻呈现在墙上，并让群体就不同的方面进行投票（如图5-5）。创造力是没有限制的。然而，敏捷的基本价值观——尊重、开放、专注、承诺和勇气等，对练习的成功至关重要。

图5-5 将团体的隐喻呈现在墙上

第四阶段：行动

这一阶段将整个对话带回到共识现实。首先，小团队集体讨论他们可以采取的行动步骤，以帮助组织更接近他们已经确定的梦想；然后，小团队就一些将要采取的行动达成一致意见（如图5-6）。与回顾一样，我们并不寻求巨大的改进项目；相反，我们关心的是可以作为下一个迭代试验的小型可操作项目。

图5-6 集体讨论可采取的行动步骤

第五阶段：分享

最后一步是分享。在这最后的阶段，所有的小团队与整个群体分享从各个步骤中获得的成果，以融合所有隐喻和梦想的精髓（如图 5-7）。整个过程通过与所有人分享行动和承诺、提高透明度并管理对下一步的期望来完成。

图 5-7　所有小团队与整个群体分享成果

正如你可能看到的那样，整个过程利用了隐喻的力量，并引导你完成了现实的 3 个层面。它与关于愿景、战略规划、目标和目的的典型企业对话非常不同。它使用右脑在感知本质层面产生创造力。它在梦想层面是鼓舞人心的，帮助人们重新建立起价值观和情感关系。最后，它可以让你把所有的灵感融入共识现实，并创造有形的结果。

增强激励

敏捷领导者胜任力地图的第二部分是动力。在敏捷世界中，动力的本质是不同的，它由自主性和意图的感觉驱动。约翰·科特说："大多数人不仅仅是被逻辑激励，而且被为更大的项目做出贡献的基本愿望激励。"动力的关键部分与整体意图有关。如果你创建了正确的愿景，并与意图建立了情感联系，能量就会自动产生，你无须做更多的事情来增加动力。团队将遵循愿景，并尽最大努力去实现它。如果愿景不明确，那么富有创造力和智慧的人会将注意力转向实现孤立的小任务，因为在一个非常不可预测、不清晰的世界中，这些是唯一清晰的点，人们会因此失去动力，或者至少是相当不投入。在这样的环境中，有些人会说，"人们需要明确的绩效指标，这样他们就知道要做什么""我们需要跟踪每个人都在做什么，以确保他们是在工作""奖金是关键的动机因素"，等等。

动力的另一部分与环境和文化有关。敏捷领导者更喜欢内在的动力因素，因为它们更符合敏捷文化所构成的团队精神。在这种环境中，人们被"安全试错"的文化所激励，这种文化把失败视为学习和改进事物的机会，而不责备或惩罚人们。人们还因拥有自主性而被激励，他们可以就如何应对所面临的挑战提出自己的想法；他们因在一个学习型环境中工作而被激励，在这样的环境中他们可以成长，他们的贡献得到认可；最后，人们因处在一个开放、透明、具有高信任水平的环境而被激励。这些因素总是能在组织中起积极作用（如图 5-8）。

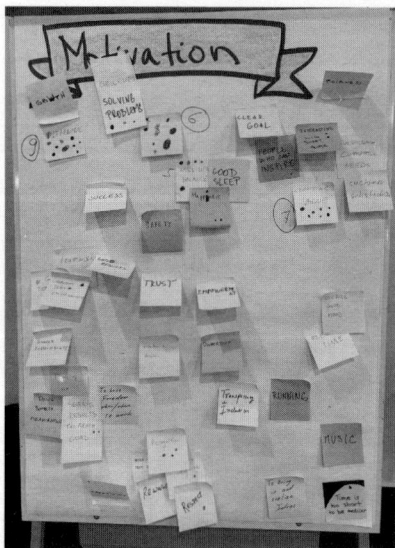

图 5-8   一个关于动力因素的头脑风暴和评估的案例

必须指出的是，根据几种类型的研究，金钱并不是一个激励因素。T. 查莫罗－普雷穆齐奇（T. Chamorro-Premuzic）说："几乎没有证据表明金钱能激励我们，而大量证据表明它实际上会让我们失去动力。一旦基本需求得到满足，金钱在心理上的好处就值得怀疑了。"换句话说，人们需要得到"足够的"报酬，即他们需要感到自己的薪酬是公平合理的，自己是有价值的。而这就是问题所在。这个价值是非常个人化的，并不一定与他们所获得的实际金额相关。你可能对自己的薪水非常满意，直到你打开报纸看到你的职位的平均薪资水平："看，这是普遍的水平。我得要加薪。"你可能觉得自己的薪水还算合理，直到你无意中得知同事的薪水："他比我小 5 岁，经验没我多，甚至工作量都比我少。这不公平。"令人惊讶的是，如果你得到过高的薪酬，也会产生类似的效果："猜猜我只是做常规工作就得到了多少钱。下次我会要求两倍的钱。"

在敏捷中，我们为建立社会资本投资。有趣的是，金钱会侵蚀它。查莫罗－普雷穆齐奇的报告说，元分析的结果"强调了从棉花糖到美元等的激励措施对内在动机的持续负面影响"。一方面，我们尽最大努力创造一个吸引人的环境，通过内在动机因素来激励人们；另一方面，我们用外部动机因素（例如奖励）破坏或降低了其影响。这是一个相当大的脱节。

与许多组织一样，我们的组织里有积极参与的团体，也有非常消极的团体。我们曾经解决的最困难的案例之一，是一个每周都要去客户现场的团队。车程很长，他们住在一家不喜欢的酒店里，而且从技术角度来看工作很无聊。他们得到了额外的金钱来补偿这额外的努力，但这些钱并没有带来预期的动力。有一天，整个团队几乎都要离开公司不干了。但那天下班的时候，除了他们的团队领导，其他人都留下来了。我们不能改变工作的技术部分，实际上我们也不能给他们更多的钱。然而，我们做了一件事，那就是第一次认真倾听他们的抱怨。我们在财务上也做到了完全透明，给予他们更大的自主权，让他们自己决定把预算花在哪里，以及在什么条件和规则下轮换出差。结果，他们换了住的酒店和出差车辆，以及谁出差谁留守的规则。有趣的是，这一个小小的改变产生了巨大的影响。几个月后，他们交付了每个人都引以为豪的产品，其他人纷纷主动要求加入这个团队。

X 理论和 Y 理论

关于动力的最著名的理论之一，就是道格拉斯·麦格雷戈（Douglas McGregor）在 1960 年提出的 X 理论和 Y 理论。X 理论将人定义为怠惰的懒人，他们不喜欢工作、逃避责任，需要被指导和控制，他们的行为需要被追踪。为了让他们完成工作，你需要经常威胁他们，同时，他们的直接奖励必须与工作结果挂钩。这就是传统的微观管理的由来。所有详细的时间表、任务分配和绩效考核都基于对

X 理论的信仰。

相反地，Y 理论将人定义为热爱工作的，他们认为工作是生活中很自然的一部分，他们有动力，总是拥有主人翁意识和责任感，喜欢在公司工作，不需要很多指示，他们自我指导和自我控制。这就是敏捷诞生的地方，基于自组织、自主权和增权赋能。记住，没有什么是非黑即白的。公司会根据更接近自己信念的理论来混合使用相关技术。

敏捷问卷

试试下面的评估。在从 X 到 Y 的刻度上标记出来。

最贴近你的描述是什么？

X　　　　　　　　　　　　———　　　　　　　　　　Y

最贴近你的同事们的描述是什么？

X　　　　　　　　　　　　———　　　　　　　　　　Y

这里有一个有趣的悖论。我在课堂上多次做过这个实验，做这个评估的人中有 95% 认为自己比同事更接近 Y。一旦我质疑他们，他们就会找各种借口来解释，比如："我是经理，所以我比其他人都强，这就是我升职的原因""这就是我来这里的原因，我来学习敏捷领导力"，或者"因为我们关心敏捷，而他们不关心"。换句话说，大约有一半的人认为自己比其他人好。他们不需要胡萝卜加大棒来工作，但他们对同事就没有这种信任和信心，所以他们觉得别人需要那种控制。

尼尔斯·普法雷根（Niels Plfaeging）多年来一直在会议上进行这项实验，很让人大开眼界。想象一下，整个会场大约有一千人，回答第一个问题："你是什么样的人？在粉色的便利贴上写上 X 或 Y，然后与你的邻座交换。"没有人相信自己是×理论所描述的那种人。然后普法雷根让他们回答第二个问题："想一想你组织里的所有人，有多少比例的人属于×理论所描述的那种人？写在一张黄色便利贴上，然后与你的邻座交换。"有趣的事发生了，绝大多数人都相信"×理论所描述的人"存在，那非常危险。正如普法雷根说的，"相信其他人会是×理论所描述的那种人"这种观念是一种自我实现的预言，一种可怕的偏见和评判。是我们，而不是×理论所描述的人，造成了产生×理论行为的环境；我们通过工作方式和我们使用的工具造成了它。

与麦格雷戈和普法雷根一样，我相信×理论所描述的人是不存在的，也从来没有存在过，世界上没有一个人是×理论所描述的人。仅仅是我们多年来对待别人的方式，才造成了×理论描述的行为。所有那些时间表、绩效考核、评估、路线图和速率图都显示出我们对员工缺乏信任，不相信即使没有压力和控制机制他们也能做到最好。信任，说起来简单，做起来难。说到底，这就是敏捷领导力的意义所在。**相信这个世界上没有×理论所描述的人；而如果有×理论所描述的行为，我们的角色就是去解决它，改变我们的环境、文化和所用的工具，从而让它消失。**

敏捷笔记　在你的组织中，有哪些做法会激发×理论所描述的行为？

敏捷笔记　在你的组织中，有哪些做法能够激发 Y 理论所描述的行为？

敏捷笔记　你能做些什么来提高激发 Y 理论行为的比例？

敬业度

敬业度是动力的一个非常重要的部分。ADP 研究所（Automatic Data Processing Research Institute）的玛丽·海斯（Mary Hayes）等人的《全球敬业度研究》（*Global Study of Engagement*）中的结论相当悲观："全球只有 15.9% 的员工是全身心投入的……这意味着几乎 84% 的员工只是'来上班'，并没有为他们的组织做出他们所能做的全部贡献。"考虑到这是覆盖了不同行业和国家的近两万名工人的研究报告，情况实在令人担忧。这份报告中还有另一个有趣的发现："称自己身在团队中的员工，完全投入的可能性是那些不在团队中的员工的 2.3 倍。"正如该报告指出的那样，可以说"当组织把优秀的团队作为主要关注点时，我们预计全球敬业度有更显著的提升"。

关注团队而不是关注个人，是敏捷领导者提升组织中的敬业度的一种方式。第一步始终是要提高认识。如果你对你的团队的敬业度感兴趣，你可以让他们做以下评估。评估报表来自 ADP 的《全球敬业度研究》，其中"8 个项目旨在衡量组织和团队领导能够影响的员工敬业度的具体方面"。不过，在你让团队做评估之前，不妨想想你自己的答案，想想有什么可以帮助你更敬业。它总能很好地激发灵感。

敏捷问卷

在 1 分到 10 分的范围内，对下述说法进行评估并标记在横线上，1 分表示"一点也不"，10 分表示"完全"。

我对公司的使命充满热情。

| 1 | ——————— | 10 |

在工作中，我清楚地明白对我的期望是什么。

| 1 | ——————— | 10 |

在我的团队中，我周围的人都与我有着相同的价值观。

| 1 | —————— | 10 |

我每天都有机会在工作中发挥自己的长处。

| 1 | —————— | 10 |

我的队友支持我。

| 1 | —————— | 10 |

我知道我会因工作出色而得到认可。

| 1 | —————— | 10 |

我对公司的未来充满信心。

| 1 | —————— | 10 |

在我的工作中，我总是面临成长的挑战。

| 1 | —————— | 10 |

如果你对以上每个说法的评估结果都是 7 及以上，那么你可以认为自己"完全敬业"。

完全敬业是领导力旅程的重要组成部分。如果在上面的练习中你的结果不是"完全敬业"，请不要担心。这并不意味着你不敬业或者缺乏动力，你只是没有发挥你作为领导者的最大潜力，而你可能会有一些机会来提高你在这个领域的领导技能。对于你的分数，你可以总是责怪别人没有为你的发展创造一个良好的环境；而对于你的团队，一切都取决于你，你可以帮助你的团队感受到完全敬业的力量。正如《全球敬业度报告》所说的："如果员工信任团队领导，他们全情敬业的可能性会增加 12 倍。"你的团队最初的敬业度评估反馈可能会让你感到沮丧和刺眼，但至少你知道他们缺少什么，并能够努力去改进。好消息是，领导者可以通过创造合适的环境并建立互信，使敬业程度有很大的改变。

超级鸡

　　玛格丽特·赫夫南（Margaret Heffernan）在 2015 年女性 TED 大会上做了一个很棒的关于动力的演讲。在演讲开始时，她提到了普渡大学的威廉·缪尔（William Muir）对鸡的生产力所做的研究："鸡是群居的，所以缪尔首先选择了一个普通的鸡群，并让该群体单独生活了 6 代。然后他建立了第二个鸡群，由最多产的个体组成，你可以叫它们超级鸡。在这个超级鸡群体中，每一代他只选择最多产的鸡来繁殖下一代。"这不正是我们的每次评估和裁员所做的吗？这种做法很有道理，对吗？那些生产效率低下的人只会让其他人失去动力，降低工作质量，降低团队的整体生产力。这是大多数组织的说法，对吧？所以，让我们来看看这项研究的结果："6 代过去后，缪尔发现第一群鸡，也就是平均组，表现很好。它们都很健硕，羽毛丰满，产蛋量显著增加。当他观察第二群鸡时，发现只剩 3 只鸡存活，其他鸡都死了，都被这 3 只鸡啄死了。个体高产的鸡只有通过抑制其他鸡的生产能力才获得成功。"

　　任何曾经体验过优秀团队的人对此应该都不会感到惊讶。伟大的团队之所以成功，并不是因为成员都是"超级鸡"，尽管个体的技能和多样性也很重要；推动它们成功的最重要因素是社会联系。敏捷组织已经发现了这一点，所以它们支持社会关系、团队精神和各种联结团队的组织内的社区。它们设计自己的办公室，使人们能够合作。它们的工位周围有魔法墙，人们可以把其当作白板。它们有可移动的家具，这样团队就可以根据需要以灵活的方式创造空间，并且可以在团队成长时改变空间。它们投资建设了许多不同的非正式聊天区域，这些区域色彩鲜艳、舒适、令人愉快，与那种有着 U 型桌子的冷冰冰的传统会议室大相径庭。

　　敏捷组织不会把咖啡机看作一种额外的花销，而是看作对社会关系的一种投资。它们投资的往往远不止咖啡，员工还可以在自助餐厅享受大幅折扣，甚至完全免费就餐。它们为游戏创建了空间，人们可以在那里见面，一起玩耍和放松，桌上足球桌并不是餐厅里唯一的娱乐设施（如图 5-9、5-10）。它们意识到，在人际关系上的投资，不仅在动力、敬业度和主人翁意识方面，而且在创造力以及绩效等方面，都带来了相当大的价值。

图 5-9　Avast 公司布拉格总部里的放松区

图 5-10　Avast 公司布拉格总部里的可移动谈话区

这与传统的"胡萝卜加大棒"的方法有很大的不同，对吧？不要误会我的意思，所有诸如评选月度最佳员工、实行职业发展层级制度以及考核绩效等做法，都是在组织中被善意实施的。然而，它们来自一种错误的信念，即只有高度专业化、熟练和高绩效的个体才能使组织成功。过去 50 年来，公司一直在投资"超级鸡"员工，希望能有一个"超级鸡群"出现，现在是时候改变这种方式了。相反地，拥有自组织的、跨职能的团队，以及在其协作和社交技能上进行投资等的做法似乎更成功。

敏捷问卷

你们正在使用哪些做法？

- 评选月度最佳员工
- 实行职业发展层级制度
- 评估绩效和 KPI
- 定义目的和目标
- 发放个人奖金

- 跨职能团队
- 没有职位
- 自主式领导力
- 自组织
- 同侪反馈

对于你的答案，左列的每个选项计 -1 分，右列的每个选项计 +1 分。评估结果将让你了解你们的做法的敏捷程度。负分是正在削弱和破坏敏捷文化和思维，而正的分数则是在支持敏捷。

敏捷笔记   哪些做法是你希望试一试的？哪些做法是你希望能够避免的？

获得反馈

敏捷领导者胜任力地图顶部的第三部分是反馈。对任何敏捷团队来说，反馈都是至关重要的：反馈是它们的 DNA 的一部分，也是文化中不可或缺的一部分，因为它给了团队一个机会来检查和调整其工作方式，并不断寻找改进的可能性。同样的道理也适用于敏捷领导者，对他们来说，定期的反馈流是改进领导风格的重要前提。给予反馈只是反馈流的一部分，而接受反馈更为重要。那么，有多少次你会因同伴的反馈而改变自己的工作方式呢？有多少次你在脑海中拒绝了它，认为"他们没有看到全部，这些反馈与实际情况没有关系"呢？事实上，你不必同意别人说的每件事，但如果反馈中有哪怕 2% 是真实的，对你来说这意味着什么呢？反馈如何起作用呢？如果你能从系统的角度考虑任何反馈，即"每个人都是正确的，但只是部分正确"，那么你从反馈中学习的能力就会显著提高。

一般来说，当事情涉及反馈时，反馈是永远都不够的。你们交流得越频繁，你和其他人对于反馈就越不紧张。敏捷领导者把反馈当作惯例，因此它变成了一种习惯，他们甚至都不会注意它。而如果每年只要求反馈一次，那它就成了一件大事，变得超乎寻常，这让人很有压力。诸如"如果他们对我不满意怎么办""如果他们根本看不到我的工作的价值怎么办"之类的想法会占据人们的思想，并触发防御和指责来作为回应。

The Agile Leader

信任、透明、开放和有规律能产生良好的反馈。

举个例子，Scrum 中的回顾会养成一种习惯，即经常以一种可操作的形式给予和接受团队反馈，以至于人们都把反馈当成生活中不可或缺的一部分。类似的，LeSS 中设计的整体回顾 ①，形成了在更大的组织规模上定期反馈交流的

①整体回顾是"大规模 Scrum"（Large-Scale Scrum，LeSS）框架的一部分。

习惯，而且对你使用回顾概念的时间地点都没有限制。反馈并不局限于个体、团队或组织层面。优秀的敏捷组织从外部世界寻找反馈，通过在博客分享他们的工作方式以获取灵感，通过邀请其他人了解他们的工作，以及寻找如何向其他组织学习的方式等，来打开反馈的大门。

他们的答案

The Agile Leader

开放以接受反馈是一个漫长的过程。在我们的案例中，这是从一些小步骤开始的。首先，我们在小团队内部开放，获取诚实和坦诚的反馈。通过定期召开回顾会，并将内容保密以增加安全感，人们可以敞开心扉。一开始会花一些时间，一旦团队层面的信任被建立起来，且人们也习惯了这种信任，他们对回顾会的依赖就会减少，就能够当场给彼此反馈。他们合作得更多，成为优秀的团队，反馈成为他们日常工作的一部分。这样的团队是强大的，是朝向内部的，而任何来自外部的东西都被视为潜在的威胁。

到了某个节点时，团队开始适应跨团队分享和相互学习，团队成员也开始能对开放和听到来自其他团队的反馈感到舒适。那时我们就可以成立一些社区[①]，并在其中讨论跨组织的问题了。重点不在于责备和谁做了什么，而在于一起学习，防止所讨论的这些问题再次发生。从这时起，我们就变成了一个网络，而不是独

---

① 实践社区是这样一群人，他们对自己所做的事情有着共同的关注或热情，并在定期的互动中学习如何做得更好。

立的团队。我们的相互联系变得更加紧密，我们成了一个团结一致的组织。

最后，当我们作为一个组织在内部变得强大，可以畅所欲言，并在前进的过程中互相给予反馈时，我们就能与外部世界分享我们的工作方式了。我们开始邀请其他人来了解我们的工作方式并给我们反馈。我们在研讨会上讨论，为吸引学员而组织工作坊，邀请那些正在决定是否为我们工作或加入我们的候选人来体验我们一天的工作。我们不仅进行分享，而且也很想知道别人看到了什么，觉得什么有趣、什么重要、什么困难。我们愿意接受反馈，因为总有更好的做事方法。开始的时候，不拒绝他们的观点，不说"他们不明白"是很难的，但到最后，一旦我们接受了"每个人都是正确的，但只是部分正确"的事实，我们就能够以更有效的方式加以改进。

敏捷小测试

1. 想想过去几个月你的团队中的反馈。

有多少次你给你的同伴们诚实和开放的反馈，使他们可以从中学习？

A. 从不

B. 很少

C. 有时

D. 经常

E. 定期

2. 有多少次你从同伴或员工的反馈中学习并改变了自己的做事方式？

A. 从不

B. 很少

C. 有时

D. 经常

E. 定期

敏捷笔记　你能做些什么改变，以便能更经常地给出和获得可操作的反馈？

给出反馈

有时候，当你的文化还没有达到你的期望，而且还存在很多有害的行为时，可能你仍然很需要反馈，但环境让你很难给予和接受反馈。如果人们彼此之间缺乏信任，你就需要对你说话的内容和方式更加小心。在这种环境中，COIN 对话模型是传递信息的好方法。与其他教练工具（如 GROW 模型等）类似，COIN 模型会引导你完成对话并提高认识。"COIN"指的是语境／连接（C）、观察（O）、影响（I）和下一个（N）。

语境：我们从语境开始，与过去发生的特定事件及其发生的时间或情况联系起来。它是什么时候发生的？当时是什么情况？当时的环境如何？心态要积极，看待每件事要出于善意。

观察：观察必须具体但中立，不偏袒任何一方。只要描述发生了什么即可，不要去评判，因为在这种情况下的评判通常会被认为是责备。观察需要你保持一定的距离并应用敏捷领导力模型。情境没有对错，只有不同的角度和观点。

影响：影响是非常个人化的，它与你的感受相关，而无关对错。你觉得它怎么样？你觉得它像什么？它对团队、部门和组织有什么影响？

下一步：最后，下一步把我们带回到行动中。帮助人们看到过去和现在的另一种反应方式。本来可以做的是什么呢？他们下次会怎么处理呢？明确你的要求：你想让他们改变什么？

他们的答案
The
Agile
Leader

想象一下这样的情况：你的一位同事，一个富有经验的人，在工作坊聚会期间不断地发送短信而不与团队互动。团队其他成员在会后私下表示感到气馁，因为他们担心他不与他们保持一致。

语境："我知道你非常关心这个产品，你花了很多时间帮助团队把它做好。"

观察："我昨天在工作坊聚会上注意到，你频繁地用手机，与小组的互动很少。看起来你好像有点心不在焉，神游于会议之外。"

影响："对团队的影响是他们感到气馁。他们担心你不喜欢他们所做的事情，并且你没有公开告诉他们。"

下一步："我明白事情可能会发生，而如果你有其他事情需要解决，我希望你选择离开，并开诚布公地告诉团队。这样做可以发出一个信号，表明你信任他们的工作，他们会感觉得到了支持。"

敏捷笔记	想一下最近你想要给出反馈的情况，用 COIN 模型写下来进行练习。

从反馈中学习

从反馈中学习的能力在领导力之旅中至关重要。有很多方式基于反馈来进行反思，"领导力概述环"是其中一个很棒的专注于个人领导者发展的 360 度概述。它会将你的结果与全球十多万名领导者的标准基数进行比较。这通常会很有启发性，因为我们对自己的看法往往与别人对我们的看法不同。

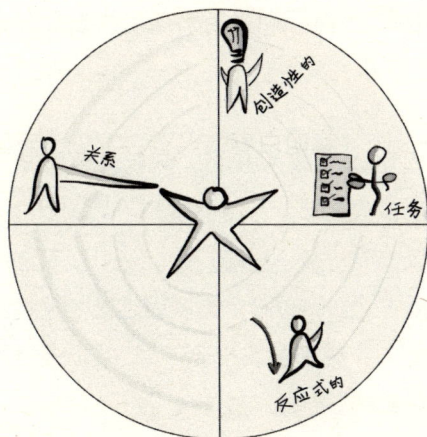

"领导力概述环"结合了领导人格的 4 个维度：它将创造性能力（与领导者的效率有高度相关性）与被动反应式倾向（获得更多的短期结果）、人际关系导向与任务导向这两组对象进行比较。充分了解自己并获得整体反馈作为改进领导风格的输入，是你的敏捷领导者之旅中的重要步骤。

他们的答案

The Agile Leader

当我进行评估时，我希望更多地站在创造性的而不是反应式的那一侧。从评估结果来看，我的创造力确实非常强，甚至比我预期的还要强。然而，在反应式方面有一些令人惊讶的部分，这些部分告诉我一些关于我自己的事情，但我还没准备好听，所以我开始为评估结果找借口。不过事实确实与我期望的不同。在反应式方面，我没想过我会在控制和保护方面得分很高。回想起来，我可以清楚地看到我的行为的那些方面，尽管我相信我已经有所进步，但那些特质仍然比我想拥有的更强。我已经向前迈出了一大步，这要感谢我的教练们，他们在不评判我的情况下帮助我看到并接受了自己身上的那些倾向。获得觉察，接纳它，并采取行动。我还远没有完成，但我已经在我的领导力之旅中取得了巨大的进步。我很高兴，当我听到那些反馈时没有选择放弃。

B. 安德森（B. Anderson）等人认为，尽管面临着 VUCA 世界的挑战，大多数领导者仍然是被动反应式领导。研究表明，被动反应式思维的领导者只能在一定程度上取得成果，而从某一阶段开始，他们就无法产生高绩效。正如 R. D. 邓肯所说："被动反应式领导者通常强调谨慎而不是创造成果，强调自我保护而不是富有成效地参与，强调侵略性而不是建立一致性。"相比之下，培养创造性思维的领导者对新的潜力持开放态度。

为了更好地理解反应式领导者，让我们来看看安德森等所说的三种类型的领导者及其自然倾向：

- 交心类型领导者是那些与自己周围的人建立关系的人，如果人们喜欢并接受他们，他们就会感到满足。他们关心人际关系，当他们害怕被别人拒绝时，他们会选择避免冲突，变得相当被动。当他们处于被动反应一方时，会被认为是顺从的。他们对关系的关注使他们与敏捷原则保持一致。

- 意志类型领导者试图用任何必要的手段获胜。他们很有竞争力，他们想要获得结果，完成需要完成的事情。他们一点也不顺从。他们关心的是掌管、晋升、控制事情。他们既不下放权力也不合作。他们讨厌失败，因为他们担心失败会让他们显得软弱。不管怎样，他们都需要做到最好。他们是完美主义者，通常是微观管理者。当他们处于被动反应一方时，他们被视为控制型管理者，对他们来说，采用敏捷的工作方式非常困难。

- 头脑类型领导者聪明且善于分析。他们是理性的思考者，即使在矛盾、复杂的情况下也能保持距离。他们就像是知识渊博、有伟大想法的杰出思想家。他们被认为是冷漠、疏离、过度分析和挑剔的。当他们处于被动反应一方时，他们被认为是具有自我保护性的。当他们处于敏捷环境中时，他们往往会过度分析。

创造性能力会带来新的机会。如果你是被动反应式心态的领导者，创造性能力会使你的影响力成倍增长。正如安德森等人所说："向创造性自我转变是人生和领导力的极重要转变。"具有创造性思维的领导者通常从产生激情和信念的愿景与意图开始，而这反过来又转化为一幅清晰的图景，帮助团队迅速走向成功。西宾夕法尼亚卫生保健新闻组（The Western PA Healthcare News Teams）曾在文章中指出："创造性领导力与创建我们所信任的团队和组织相关，与创造最重要的结果并增强我们创造理想未来的能力相关。"创造性领导力是培养协作、敏捷的组织和文化的关键。

The Agile Leader

创造性领导力是敏捷文化的关键。

领导力成长是敏捷的核心要素

凯·哈珀（Kay Harper，领导力和关系系统教练）

在 21 世纪，变化的复杂性和速度正在使所有领导者在效力方面的差距日益扩大。数据显示，随着当今世界的相互联系日益紧密，商业环境更加动荡复杂，有效领导力的定义正在发生变化。也有数据显示，领导力效能与企业绩效直接相关。作为一名教练，我与人们一起工作，帮助他们了解当前的领导能力，了解他们的经验如何影响领导方式，从而了解他们作为领导者的影响力。当领导者有了觉察后，他们就可以有意识地选择如何去影响组织的底线。

我记得在一家大公司的一个部门与一个领导团队一起工作的情

形。领导团队希望了解如何与大公司的部门及其成员合作，以帮助他们承担更多的决策责任，从而能够更快地交付价值。在了解了高层领导者的领导风格是创造（或阻止）一个使分权决策成为可能的环境之后，我们开始与这个高层领导团队合作。我们结合"领导力概述环"和相关辅导，使每位领导者都获得了数据，这些数据为他们在与团队、同伴、利益相关者以及更广泛的组织中的执行团队合作时的表现提供了见解。每位领导者都更好地了解了自己的优势、创造性能力、反应倾向，以及他们可以改进从而直接影响效能的领域。他们每个人都制订了自己的行动计划，我们给他们提供的辅导是一对一的，并在领导团队层面进行。领导者开始互相督促，去做出他们所承诺的转变。经过一段时间，交付团队了解到，他们在承担更多决策时得到了领导者的支持。随着团队内部和团队之间的协作越来越多，筒仓被打破了。当团队成员在交付过程中感觉到更多的自主权时，积极性增加了。最终，该公司发现交付率和员工满意度都有所提高。作为一个与组织合作、帮助它们走上敏捷之路的人，我希望各层级组织的更多领导者看到采取不同领导方式的必要，并采取行动进一步深化这些新的能力。

决策

即使在敏捷环境中，你也需要不时地做出决定。敏捷不是关于投票或永无止境的对话，它始终是一种权衡：要么让人们合作去解决问题，要么自己决定。

做决定的能力赋予我们力量，带来能量和动力。在传统的组织 1.0 中，决定由老板做出。在知识组织 2.0 中，管理者被期望将权力下放。而在敏捷组织 3.0 中，领导者授权给其他人，让他人介入并接掌日常决策的责任，而且领导者更依靠影响力而不是权力。

知道自己的处境是件好事。你
对系统有足够的信任、可以授权
吗？你能想象放手吗？以上是你可
以问自己的几个问题，这些问题让
你开始思考你在决策过程中处于什
么状态。

敏捷问卷

想想你的组织的情况。在 1 分到 10 分的范围内评判以下说法，1 分表示"一点也不"，10 分表示"完全"[内容来自 B. 博克尔布林克（B. Bockelbrink）等人]。

我们通过试验来应对挑战。

1	10

我们一直在寻求改进。

1	10

我们让所有信息都透明，人人可见。

1	10

我们专注于实现目标。

1	10

当我们不同意某项决定或行动时，我们总是直言不讳。

1	10

我们是包容的，总是让受决策影响的人参与进来。

1	10

我们在需要的时候接管所有权和责任。

1	10

你的评价数值越靠右侧，你越放手让团队来做决策，决策过程就会越有效。

<table>
<tr><td>敏捷
笔记</td><td>你能够如何改善环境，使你的决策过程更有效？</td></tr>
</table>

全员参与制

传统的组织在做出决定后，会继之以一个遵从性流程；而在敏捷领域中，决策需要以协作的方式做出。我们较容易想象一个小团队能做出决策，但它是否适用于大规模团队？全员参与制 3.0 带来了一个框架，能让你通过双重链接开始取得一致性，从而导致赞同。简而言之，我们谈论的是一个完全跨职能的团队，它总是包含所谓的双重链接——团队成员和管理层代表，以便能够创建高水平的一致性，而不仅仅是局部优化。这种"全员参与圈组织方法"是由杰拉德·恩德堡（Gerard Endenburg）[①] 在 1980 年创建的，经过多年的发展，已经成为敏捷领域经常使用的一个整体框架。这个框架定义了 7 个原则和一系列模式的全员参与制 3.0（引自 B. 博克尔布林克等人文章），这些原则和模式都是关于组织如何运作和做出决定，带来自治和宽容的执行方式的。

[①] 参见《杰拉德·恩德堡：全员参与圈—组织方法》（Gerard Endenburg: The Sociocratic Circle-Organization Methed）一文。

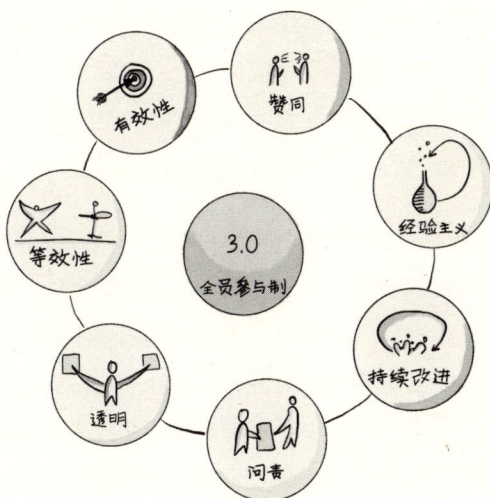

　　经验主义、持续改进和高透明度的原则对于典型的敏捷环境来说并不是什么新鲜事。就像 B. 博克尔布林克等人说的，有效性原则是说你应该"只把时间花在那些能让你接近要实现的目标的事上"，它可以被重新定义为另一个敏捷价值——专注。其余的三项原则在决策方面特别重要：

- 赞同可以让任何反对意见和分歧变得公开。
- 平等促进包容性，使受决策影响的所有人都能参与决策过程。
- 问责带来必要时采取行动的主人翁意识和责任感。

　　通过协作的方式来达成协议，再加上全员参与制 3.0 的高透明度和持续性评估，可以产生可靠的决策，并使组织在应对问题时非常灵活。

能力循环和控制循环

　　现在让我们更仔细地看看当你面对一个问题时你的大脑里会发生什么，你会有什么样的反应。克里斯托弗·埃弗里（Christopher Avery）在他的"领导才能"项目中描述了这一点，在他的书中则有更详细的描述。这个概念深入你的大脑，揭示你的内在过程、感受和反应。为什么你会经常做出某种反应？正如埃弗里所说："可怕的部分是为了获得更多的权力和自由而不得不放弃控制。"一切都始于恐惧：对失败的恐惧，对失去控制的恐惧。

当你面对问题时，你的大脑会引导你完成能力循环或控制循环。控制循环反映了人们对失去控制的恐惧——它植根于传统的管理中。在传统管理中，控制才是最重要的；失去控制，你就可能会显得软弱和不重要，不会得到晋升或不配得到你的工作。每当问题出现时，恐惧就会开始占据上风，你就会试图重新控制局面。你评估情况，充分权衡所有利弊，寻找通过创建另一条规则来解决问题的建议（该规则将防止此类事情发生），或寻找任何可以帮助你重新获得控制权的过程。心理陷阱正在运转。每一次评估后都会有建议，你要判断什么是对什么是错，然后要求遵守。当建议未能被遵守时，你会更加害怕失去控制，而这种恐惧又因被背叛的感觉而增强。你评估新情况，判断这种情况是否应该发生，寻找重新获得控制权的方法……失去控制的恐惧越来越大，并产生更多和更强烈的挫败感，给环境带来越来越大的压力。

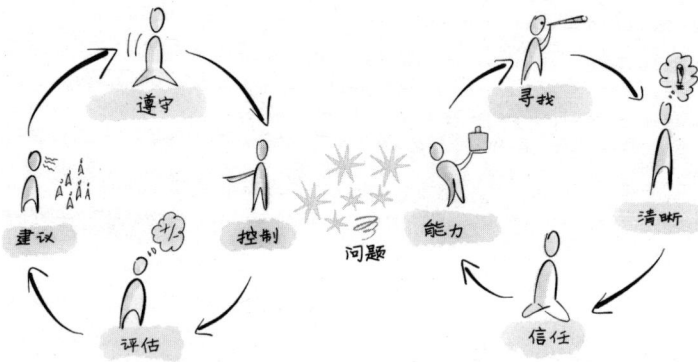

或者，你也可以选择进入能力循环。这并不难，但你必须打破你目前的习惯，以一种不同于你习惯的方式做出反应。当问题出现时，你不是评估它，而是开始寻找它发生的原因，找到根本原因，尝试从系统的角度来看待它。寻找原因的过程使问题更加清晰，它向你展示不同的视角，让你好奇。清晰给你的头脑带来平静和放松，最终创造出对自己和他人的信任，从而结束这个循环，并带给你比之前更强大的能力。正如克里斯托弗·埃弗里所说："一开始，能力循环并不是一个容易的选择；然而，它是一种自我强化的动态，使我们可以迅速学会信任。"

要进入能力循环，第一步是要认识到你习惯走哪条路。一旦你有足够的认识，能在你以惯用的方式做出反应之前识别你用的模式，你就可以有意地选择寻求理解，采取系统观点，并应用敏捷领导力模型，而不是去评估和探寻什么是对什么是错。就像其他改变，这样做需要时间，但这是值得的。

协作

敏捷是关于团队和协作的，个体并没有那么重要。这个概念并没有什么神奇之处，只是人们太习惯于以个体的身份工作，以至于忘记了什么是协作。然而，协作是敏捷环境的关键方面，如果你不能协作，你就不可能成为敏捷领导者。

传统的组织都与流程、规则和授权相关。我们所需要做的就是分析情况，决定我们想要如何处理它，在一个流程中描述它，并遵循这个流程。这些就够了。这是一个在日常决策中我们依赖流程的世界。"这个流程会解决问题。"人们说。在简单的情况下，它运作得很好，并且情况的透明度和可预测性是一个优势。而在复杂的情况下，该模型可能就不够灵活，人员和组织将难以做出适当的反应。在难以预测会发生什么的复杂情况下，这种方法通常会失败。

紧凑的流程会扼杀创造力，并且只会在简单和可预测的情况下发挥作用。

公司日常面临的情况越复杂，就越难描述要遵循的流程。规则和实践不足以支撑成功，这似乎是不可避免的；授权开始发挥作用，新的角色和职位被创建出来以负责流程的某一部分。这是一个个体责任的世界，在这样的世界中，

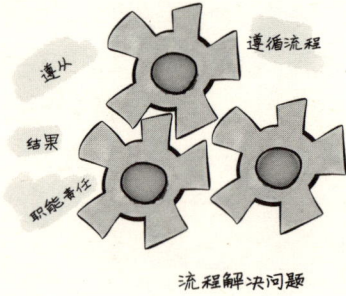

流程解决问题

我们创建一个个单一的联络点——他们负责处理事情，而当事情出错时，我们可以责怪他们。你可以自告奋勇，说"我来做"，或者可以把它分配给别人，说"你来做"。无论哪种情况，都没有真正的合作。与"流程解决问题"的方法不同，这种角色划分允许更大的灵活性，因为人们可以根据特定的情况做出判断，并比严格遵循流程更有效地解决问题。

The Agile Leader

个体责任扼杀了协作和团队精神。

我做　　　　　　　　　你做

　　当我们开始互相帮助，我们就跨越了协作的界限。人们开始一起工作，给别人提供帮助，自己也寻求帮助，这开始感觉像是一种合作了，至少乍一看是这样，因为越来越多的人在一起工作。

你帮助我　　　　　　　　　我帮助你

　　然而，这种情况仍然是有一个人要负责，而另一个人只是帮助者。这是很好的第一步，但最终，它更接近于委托而不是合作，因为主人翁意识的不平等使一方比另一方对结果的投入更多。主动的那一方通常制订计划，进行决策，并感到负有责任，而另一个人只是支持所有者的投入即可。这仍然更有可能产生责备，而不是共同的主人翁意识和责任意识。这是一个开始，但不是我们在敏捷环境中理解的协作。

The Agile Leader

在某些任务上互相帮助不是协作。合作需要平等的主人翁意识。

　　最后，在真正的协作中，人们共享责任，共享主人翁意识以及同一个目标。"我们一起做。"他们这样说。谁做什么并不重要，也没有预先分配任务——他们都只是做需要做的事，并在有需要时做出决定。这是一种协作类型，它使敏捷的团队和 Scrum 变

我们做

得很棒，并创建高绩效的环境。如果你真的想要变得敏捷，而不只是假装遵循一些做法，那么是时候摆脱个体责任（它往往是建立在你的组织架构图、岗位

方案、职业路径之上的），并学习如何创建一个真正共享责任和主人翁意识的协作环境，学习如何"我们可以一起做"。

敏捷笔记   你可以在你的组织中做些什么来增强真正的协作？

结对子工作的重要性

伊夫·哈努勒（Yves Hanoulle，创意合作代理）

我们都知道，从理论上讲，两双眼睛比一双眼睛看问题更清楚，但当我和搭档两人结成对子练习，我的搭档打断我，说起一些我错过的事情时，我总是大吃一惊。对我来说，即时反馈是最好的反馈，它并不能使特定的培训变得更好，但它改善了我未来所有的培训。

2009 年，我开始请求我的国际工作坊组织者，让我和其他对这个话题感兴趣、有了解的人建立联系。我和这个人远程准备工作坊事项，并结成对子来运作它。大多数时候，我们在工作坊之前从未见过面，然而我们彼此建立了信任。我们总是讨论如何打断对方，并用其他方式给对方发送信号。我喜欢的一个技巧是用彩色便利贴传递信号，我们将其贴在用来展示的电脑上：

绿色表示，我们提前了，你可以多花点时间再聊一会，再多说一个故事。

黄色表示，我们在按计划进行，按我们排练的方式继续说。

红色表示，我们进度落后了，我们得加快速度，放弃一些故事。

结对子辅导还有另一个用途：当我开始为一家公司工作时，我被雇用是因为我的知识和经验。然而，这段经历也教会了我，如果不了解或不能更好地理解雇用我的公司，我就没法使用我的知识。为此，我比较喜欢与了解该公司的人结对子。我向其介绍我的经验，而作为回报，从对方那里了解该公司。

引导

在敏捷领导者胜任力地图的右侧是引导和教练技能。在团队协作成为你工作的自然方式之前，引导是实现有效沟通的关键技能。W. N. 艾萨克斯（W. N. Isaacs）说："在新的以知识为基础的网络化经济中，良好的沟通和共同思考能力是竞争优势和组织效率的重要来源。"

在敏捷的世界里，我们把引导作为一种核心能力。它完全与以有效的方式相互交谈的能力有关。它是创造力和创新涌现之处，觉察到空间内的氛围和理解不同沟通模式的能力是形成协作结构的起点。引导从团队开始，但最终你需要能够将团队扩展到社区和团队网络的组织级别，并创建一个环境，使这些组织甚至可以在组织界限之外一起进行协作。

以前   当前   以后

引导，敏捷领导力的一项关键技能

玛莎·阿克 [Marsha Acker，《引导的艺术与科学：如何实现与敏捷团队进行有效协作》(*The Art and Science of Facilitation: How to Lead Effective Collaboration with Agile Teams*) 作者]

如果做得好，引导是一种不太显眼的技能。在我发现敏捷思维模式之前，我是一个训练有素的引导师。主持人有知道如何呈现会谈中正在发生的事情，知道什么该说和什么不该说的技巧。在我自己的领导经验中，引导对我很有帮助。我记得在我职业生涯的早期，当会议上出现分歧时，我感觉自己无所适从。我会变得沉默，找不到自己的声音。但在沉默中，我意识到，我常常能看到别人看不到的东西——争论的双方。然而，我不敢说任何话，因为我害怕这意味着将使一方凌驾于另一方，或者在我认为双方都有合理观点时帮助某一方"赢得"争论。

深化引导技巧的实践，加深对群体动态的理解和能够读懂空间里的氛围，帮助我转变了思维。我不再认为为了让会议有一个富有成效的结果就应该避免分歧，而是开始意识到，为了推动一个群体向前发展，不同的观点是必要的。我了解到，准确陈述我在群体动力学中看到的模式，有时比为新的解决方案提出建议更重要。我从主持会议时竭尽所能地避免出现冲突或不同观点，转变为把冲突和分歧视为小组会谈和对话的必要条件。我开始设计各种方式以展现不同的观点，从而创造一个环境，让人们能够以建设性的方式表达自己的观点。

帕特里克·兰西奥尼在《优势：组织健康胜过一切》（*The Advantage: Why Orgnizational Health Trumps Everything Else in Business*）一书中写道："要改变一个组织的文化，没有比改变开会方式更好的方法了。"我一次又一次地在客户组织中看到这个事实。我们每周花那么多时间去开会，却常常失去了更多对话的机会，而这种对话能带来更多的创新和新思维。

"四人玩家"模型

描述沟通的一个非常有趣的概念是由系统治疗师戴维·坎特（David Kantor）创造的"四人玩家"模型。对引导师来说，它是一张有趣的心理地图，引导师可以看到所有不同的参与者（或者被坎特称为"玩家"）位于哪里。在每一次对话中，你可以从 4 种不同的方法中进行选择：移动、跟随、反对和旁观。

移动者引发围绕某个话题的对话。在某些时刻，他会产生一个新想法，然后跳到另一个话题。一旦发生这种情况，一些人就会跟随，并拥护说过的话。其他人可能会反对这个想法，并通过自己的论证表达不同意。最后，剩下的一群人可能会站在一边旁观，就对话中发生的事情提供不同的观点。任何健康的对话都需要平衡的方法，而系统中最缺失的部分往往是旁观者。这一系统带来了高层次的非评判的观点，创造了新的选择，让人们可以通过不同的视角来看待情况。

如果只有移动者，没有人倾听彼此，那么就没有真正的对话发生；人们不能寻求理解。如果没有反对者，对话可能会缺乏深度；但当大多数人都反对时，他们通常会阻止其他人开口，对话也会缺乏多样性。

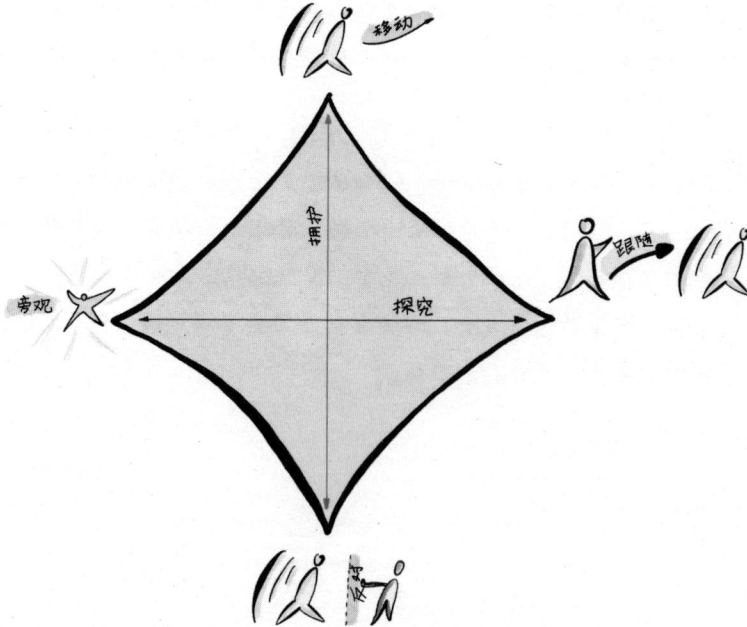

"移动—反对"的路线是关于拥护的，"旁观—跟随"的路线则是关于探究的。任何健康的环境都需要这两条线的平衡，否则协作就会因缺乏视角而受到影响。

下面这个例子展示了关于决定去哪里吃午饭的不平衡对话和平衡对话之间的区别。

只有移动者

约翰：我们去墨西哥餐厅吧。那里的食物很好吃。（移动）

玛丽亚：我想去新元素餐厅吃沙拉。（移动）

弗雷德：今天是星期五，所以我们应该去街角的四星披萨店。(移动)

珍妮：三合餐厅有很好吃的三明治，而且它就在附近。(移动)

说话者的意见根本不一致。他们每个人都在推出自己最喜欢的解决方案，他们似乎都没有在听别人说什么。

反对线过于强硬

约翰：我们去墨西哥餐厅吧。那里的食物很好吃。(移动)

玛丽亚：墨西哥菜不健康。(反对)

弗雷德：那里太远了，而且上菜总是很慢。(反对)

约翰：走几步路挺健康的，我们还可以在出发前先在网上订餐，这样就能快些。(移动)

珍妮：太远了，我还得回来开会。(反对)

还是没有达成协议，甚至制造了摩擦，因为反对者的论点更像是在一意孤行。这样的交流通常会产生防御性的行为，这在任何谈话中都是没有帮助的。

探究如何提供帮助

约翰：我们去墨西哥餐厅吧。那里的食物很好吃。(移动)

玛丽亚：墨西哥菜不健康。我想去新元素餐厅吃沙拉，那里现在有个加勒比海周，而且它就在附近。(反对，然后是移动)

珍妮：我更喜欢去近一点的地方，我得按时赶回来开会。我们也可以试试三合餐厅，它就在附近，而且它的菜单上有健康的食物可选。(跟随，移动，跟随)

弗雷德：看来我们要找的是有美味的食物、走路就能到，而且有健康餐食可选的地方。还有别的主意吗？（旁观）

这样的对话已经让人感觉相当健康了。人们不仅相互倾听，而且也了解全局。

在小团队环境中，谈论午餐是一个非常简单的对话例子。你可能会问，为什么我们需要一个模型来解决午餐问题。然而，同样的对话模式正在组织级别上大规模地发生，你需要了解它们，这样你才能重新建立平衡。

敏捷小测试

在交流时，每个人都有自己觉得舒服的首选模式。你最常用的交流模式是什么？

- 移动
- 跟随
- 反对
- 旁观

从支持技能的角度来看，引导师需要练习发言、倾听、尊重和暂停。W. H. 艾萨克斯认为："有 4 种做法可以提高谈话的质量：说出你真实的言论并鼓励别人也这样做、作为参与者倾听、尊重他人观点的连贯性，以及暂停你的确信。"回顾敏捷领导力模式，倾听有助于你获得觉察。通过倾听系统中所有的声音，寻求所有的观点，你会为对话带来多样化和更多的色彩；而暂停的实践有助于你接纳它，让它顺其自然。采取行动发生在移动和反对之间的拥护线上，使用的是发言和尊重。发言是最勇敢和最难实现的，因为你需要表达自己的感受，并在更广泛的背景下表达。正如艾萨克斯所言："当我们通过说出自己真实的想法来行动时，我们建立了事物的新秩序，开辟了新的可能性，并完

成了创造。"如果使用得当，发言有可能把对话带到一个新的领域，创造出一种新的对话质量。最后，尊重能带来信任。它鼓励其他人都积极参与对话，每个人都是对的，但都只是部分正确。

作为一名仆人型领导者，你不仅需要自己练习这些技能，还需要帮助其他人变得更善于发言、倾听、尊重和暂停。你在这方面投入越多，他们的对话就会越好、越有效，他们就越有可能成功地协作，你们就越有可能成为一个伟大的团队。

敏捷小测试

你的特长技能是什么？

- 发言
- 倾听
- 尊重
- 暂停

敏捷笔记　在发言、倾听、尊重、暂停中，你最需要提高的技能是什么？你能为提高它做些什么呢？

教练

教练是敏捷领导者取得成功所迫切需要的另一项软技能。国际教练联合会 [①] 将教练定义为"在一个发人深省和有创造性的过程中与客户合作，激励他们最大限度地发挥个人和职业潜力"。这是一种与大多数人在组织中使用的技能非常不同的技能。它是关于提高觉察的，致力于让人们自己找到方法，而不是告诉他们该做什么，不是解释、建议或分享你自己的经验。在本书的上下文中，我们谈论的不是一对一的教练技能。优秀的敏捷领导者会将组织作为一个整体，利用教练技能来解决系统层面的复杂性。

让我们从领导力敏捷度模型的角度来思考教练技能问题。对于专家型领导者来说，教练就像是来自另一个星球的概念。"如果我不告诉别人该做什么，我怎么能帮助他们呢？"他们经常这样问，而结果却很失望，因为教练并不能解决他们的任何问题。

从成就者型领导者的角度来看，教练可能是有用的，但只是偶尔有用，因为结果更重要，而那些谈话花费了太多的时间。他们更喜欢关注工作和流程，而且他们只是偶尔，在极少数情况下才会使用教练技能。

最后，从催化者型领导者的角度来看，教练是至关重要的。它有助于领导者们保持健康的人际关系，并创造一个让人们可以成功的空间。教练是进入下一阶段的关键。你越相信别人，你就越知道你周围的人是聪明和有创造力的，他们能解决你可能永远不会理解的事情，他们有绝妙的想法。然而，时不时地，他们也会陷入自己的世界，只从一个角度看问题，不能退一步看到全局。他们之前的经验限制

[①] 国际教练联合会（ICF）是一个致力于促进教练职业发展的全球性组织。

了他们，并将他们封闭在一个特定的层面上。不管他们有多优秀，他们时不时也会看不到显而易见的东西。教练是帮助团队寻找新视角并提高他们对系统的认识的有效工具。每个人都生活在自己的泡泡里，这些泡泡是由背景、之前的经验和当前的情况所创造的。教练打破了这些界限，让他们走出泡泡，扩展当前现实的界限。

他们的答案

The Agile Leader

人们经常问我他们应该如何开始教练，让我分享一下我做的事。我有技术背景，学习软技能对我来说并非自然行为。许多年前，我成为一名开发人员，用 C++ 语言编写低级的应用软件。那是一个可以预测的世界。几年后，我成了一名 ScrumMaster，并且第一次听到了关于引导和教练的知识。我的反应很简单——我拒绝了这个概念，它并不适合我的世界。我认为人们都是聪明的专家，那么为什么他们需要引导呢？他们可以自己处理一场对话。教练？只是问问题怎么可能有帮助呢？所以我拒绝了这个概念，专注于其他事情。

随着时间的推移，引导和教练的话题在不同的场合不断出现。变化发生在我听过一次演讲之后。心理学家兼教练拉多万·巴布赫（Radovan Bahbouh）通过他的演讲，改变了我对教练毫无意义的看法。我无法把它从我的脑海中抹去，并开始与朋友和同事谈论它。在那之后不久，我参加了周末的一场单板滑雪旅行。我看到其他单板滑雪者可以毫不费力地顺利从山上滑下来时，不由得感到绝望。我已经努力学习单板滑雪好几年了，一年前我甚至报名参加了一个私人课程，但根本没有提高。我把这个问题告诉了我的朋友，他问我是否愿意接受一些引导。我看着他，既惊讶又怀疑。他说："你之前说过你想尝试一下，所以，如果你愿意的话，这是个机会。"长话短说，那天晚些时候，我就可以毫不费力地转弯了，就像我在电梯里的广告上看到的其他滑雪者一样。我永远不会忘记那种感觉。

回来后，我去了一家书店，买了一本关于教练的书，然后开始练习。后来，我参加了敏捷教练学院的课程，练习敏捷教练和引导的基础知识，然后参加了组织关系系统教练（ORSC）培训，深入系统教练领域。这是一段漫长的旅程，但我可以说，让我相信教练的最重要的事情是亲身体验它。当我面对一个问题，其他一切方法都失败时，教练让我有了改变。所以，如果你不愿意相信教练，请找到一名教练，让他或她帮助你解决一个问题。

实现变革

敏捷领导者胜任力地图的最后一部分关注我们实施变革的能力。变革发生在 3 个层面。首先，你自己，你的信念、反应、方法、行为和习惯——你工作的方式等，发生了改变。通过这种改变，你成为敏捷领导者的一个榜样，人们会跟随你。如 E. 德比（E. Derby）所说的：“利用你自己：你是你最重要的变革工具，请运用你的同理心、好奇心、耐心和观察力等技能。”每一个改变都是困难的，而个人的改变通常最难。然而，结果肯定是有回报的。领导者需要先行改变，组织才会跟随。

The Agile Leader

从你自己开始：成为敏捷领导者的榜样。

其次，有能力影响他人去改变。让他们成为团队的一部分，创造一个让他们成为第一批支持者的环境，一起创造一个雪球效应，并一起改变组织。

最后，第三层次变革是系统层面的变革。关注整个组织，从系统的角度出

发，内化敏捷领导力模型：倾听系统
的声音，觉察它，接纳它，并根据它
采取行动。从这个角度来看，个体并
不重要，团队也不重要。系统层面注
重的是组织的整体和谐、能量水平、
文化和心态。

动态变革

改变一个组织是一项长期的任务。大多数人都注重开始，他们付出了巨大
的努力来计划和准备第一步。他们特别注意克服阻力的最初动力。他们小心翼
翼地引导人们迈出第一步。然后，当一切都开始改变时，他们会被其他任务分
散注意力，转而去关注其他问题。

起初，一切都很顺利，所以这一变革似乎是明智之举。给人们空间，让他
们前进，允许他们找到自己克服障碍的方法。这不正是自组织的本质吗？但事
情从来没有那么简单。

《时机管理：完美时机的科学秘密》(When: The Scientific Secrete of
Perfect Timing) 一书的作者丹尼尔·H. 平克，在各种研究的例子中描述了中点
的重要性："中点是非常有趣的，它们有时激励我们，有时又让我们沮丧，只
是简单地意识到中点就可以帮助你更有效地应对它们。"要成为一名敏捷领导
者，最重要的是要注意自己在变革过程中所处的位置。处于中点是费劲的。从
心理上讲，你需要朝新的工作方式、新的心态迈出一步。人们犹豫不决。在中
点，他们不再感觉到阻力，但他们也缺乏对新的工作方式的激情。他们在两者
之间保持平衡，寻求保证、支持和鼓励。他们在寻找向导，以帮助他们跨过边
缘，找到解脱，并拥抱新的工作方式。

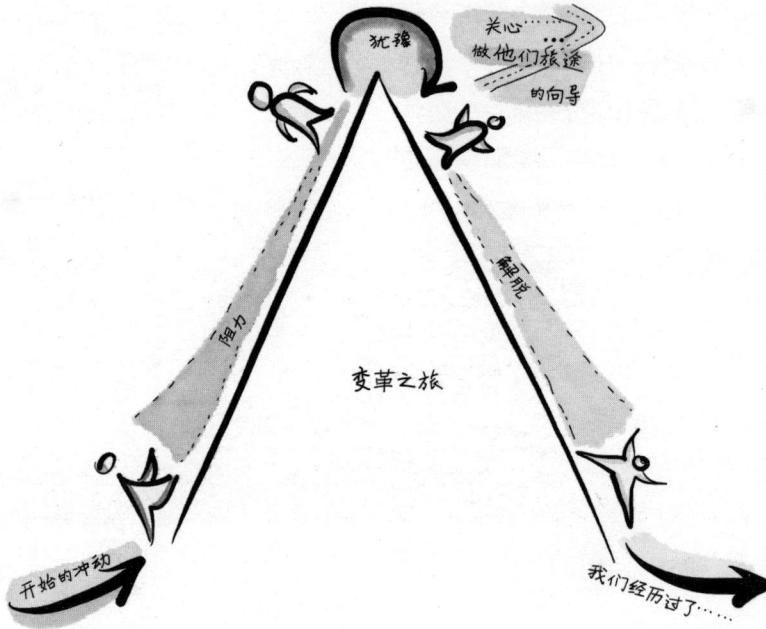

卸下铠甲，只是倾听

琳达·莱辛 [Linda Rising,《拥抱变革》(*Fearless Change*) 和
《从 1 到 100，用心求变》(*More Fearless Change*) 的联合作者]

我是一家中型电信公司开展 Scrum 的非正式"变革领导者"。我很有热情，但我的热情只是集中在学习如何让别人参与我认为重要的事物上，只是产品开发工作的一种方式。我很容易就识别出了一些年纪大的人，他们是抵制者，他们不会来参加我的非正式便当午餐会，学习一丁点 Scrum 的知识。他们似乎没有兴趣尝试一些小实验，来看看新方法是否对他们有效。他们似乎只对指出他们认为行不通的东西感兴趣，并在有任何人谈论时不断地反驳。我认为他们没希望了，因此，我尽量避开他们，每当看到他们朝我走来的时候，我就会躲到拐角后等他们走过去。一天，当我从自助餐厅出来的时候，我看到一个

最顽固的家伙就在我前面几米远的地方径直朝我走来，我来不及避开了。我环顾四周，想找条脱身之计，但徒劳无功。他走到我面前开始一一列举 Scrum 的问题，指出为什么它不适合我们的团队，说我对"真正的"产品开发有多无知，说他和其他年长的人有多么丰富的经验但却没人真正倾听。他说个不停。我站在那里，愣住了，只能点点头，用简单的音节回答："哦？真的？我不知道这些呢。谢谢你告诉我。这很有趣。我能理解为何你有这种感受。"很差劲，但我当时只知道这样做。然后一件奇怪的事情发生了，我永远不会忘记，在他愤怒的爆发即将结束时，他停顿了一下，说："好吧。我想我的团队可以试试。"我目瞪口呆。我意识到我没有与他争论。我不是列举事实告诉他，他错在哪里，我只是简单地闭上了嘴，对他的陈述点了几下头，做了简短的回答。现在回想起来，我发现是我的"倾听"令他同意了尝试 Scrum。我允许他发表自己的意见。我彬彬有礼，充满尊重，真正地倾听。

从此我了解到，许多抵制者在内心深处都是在寻找一个关心他们观点的人。一旦他们找到了，并得到了变革领导者的关注和尊重，他们通常就会同意参与变革。毕竟，他们是想做好工作的聪明人。给他们一个机会——这就是我所学到的，它可能会帮助我们所有的组织向前发展。

力场分析法

变革是一个复杂的过程，但有时一个非常简单的可视化工具会使它变得较为容易。力场分析法① 是我在这个领域最喜欢的工具之一。我发现它对于在图

---

① 这一原则是由心理学家库尔特·勒温（Kurt Lewin）在 20 世纪 40 年代提出的，其核心优势在于可以通过量化的分析与视觉化的呈现，直观地明辨利弊。——编者注

片中将处于变化边缘的动力和阻力可视化特别有用，在图中你可以清楚地看到是什么在影响着系统。

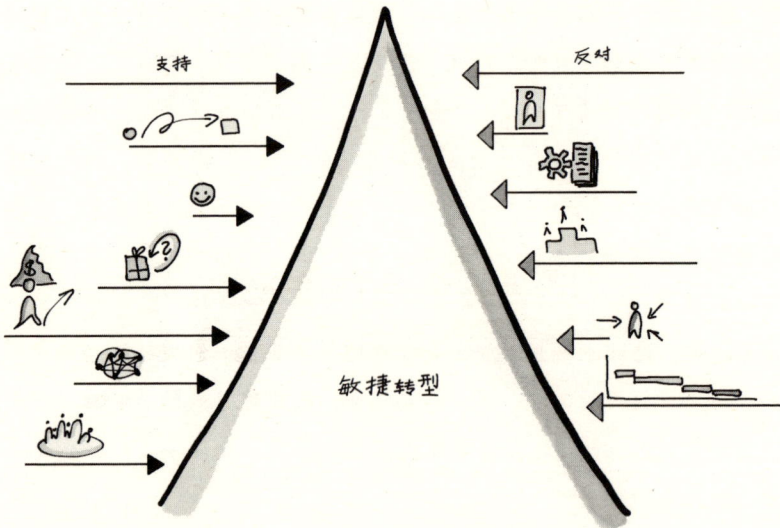

例如，组织向敏捷的转型可以由几种动力支持，如变更的响应能力、较高的员工积极性，以及基于反馈、客户满意度、灵活性和团队协作的检查和适应能力；阻力可能是筒仓技能、约束流程、个体竞争文化、个体关注点，以及固定的计划和预算流程。

下一步，你需要评估受力，并计算两边的结果。我们通常采用从 0 到 5 的相对教练量表，其中 0 表示该指标无影响，5 表示影响显著。相对权重的汇总是一个可以显示这种变化有多难的好指标，而不是对决策的计算。

一旦你有了评估结果，下一步就是改变力量对比，使变革更顺利。这就是教练非常有用的地方，因为你需要进入创造性的空间，释放创新解决方案的潜力。有两种方法可以改变受力分数，增加成功的机会：加强支持变革的力量，减弱反对变革的力量。虽然你可以单独使用这个工具，但在工作坊的环境中使用它会更好，这样的环境有助于人们参与其中，并利用系统的智慧和创造力来解决问题。

力场分析工作坊引导脚本示例

● 作为准备，画一个高峰，并在中间写一个主题。

● 让人们进行头脑风暴，在绿色便利贴上写上支持力量，在橙色便利贴上写上反对力量。

● 让团队将便利贴沿着山峰的边缘贴好，将类似的内容归为一组以缩小范围，简化视图。检查分组，以确认是否有丢失或跳过的项。

● 让团队分配相对权重。你可以使用简单的圆点投票；进行颜色编码，每个人都得到不同颜色的贴纸，将各种力划分为红色、黄色或绿色组；或者用"计划扑克"[①]。这个过程并没有一种固定的方法，关键在于对话，而不是工具。

● 检查两边的结果并进行比较。

● 现在真正的工作开始了：讨论如何加强支持变革的力量，如何减弱反对变革的力量，以改变力量对比。

如果你习惯了教练和引导，引导这样的工作坊是很简单的，力场分析法是一个非常强大的工具，展示了如何应对变化的创造性选择，如何通过合作获得真正的支持。

---

① "计划扑克"是一种敏捷评估和规划技术。──编者注

支持

反对

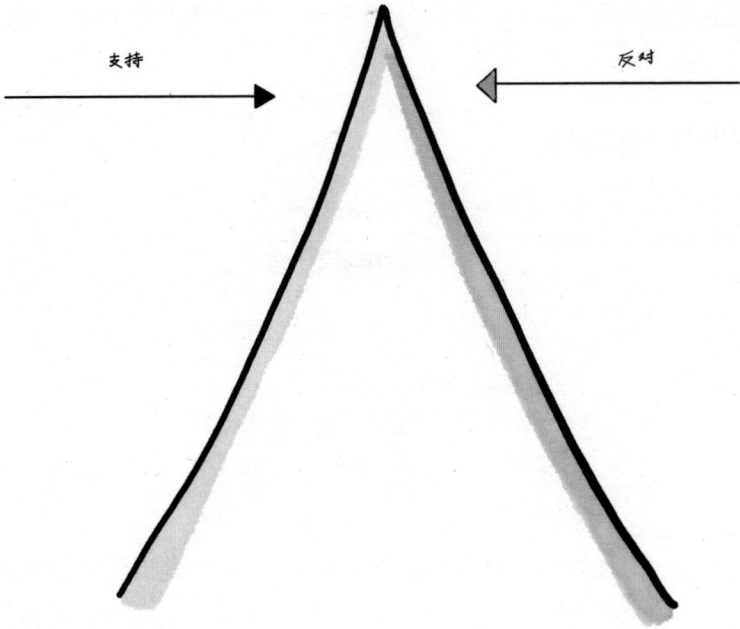

想想你的组织目前正在努力应对的情况，并绘出支持变革和反对变革的力场。你完成之后，给这些力分配相对的权重。

敏捷笔记   你如何加强支持变革的力量？如何减轻变革的阻力？

胜任力自我评估

胜任力自我评估很好地反映了你作为敏捷领导者的胜任力。提升敏捷领导力是一段旅程，而这张地图是一份指南，指向下一个步骤。人无完人，做事总有更好的方法。

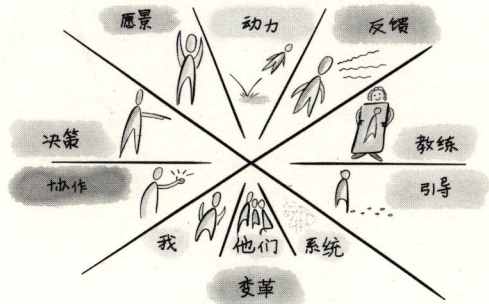

敏捷小测试

花些时间来反思敏捷领导者胜任力地图。作为领导者，你的优势是什么？

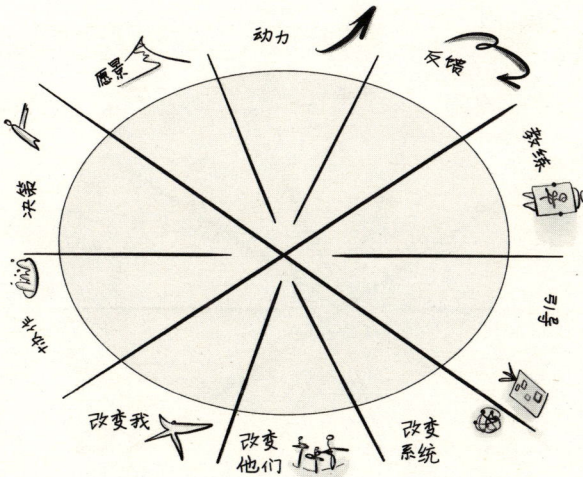

敏捷
笔记   基于这张地图，更深入地思考敏捷领导者胜任力地图。
这些能力能让你做什么？为什么它们很重要？

作为领导者，你有哪些劣势？

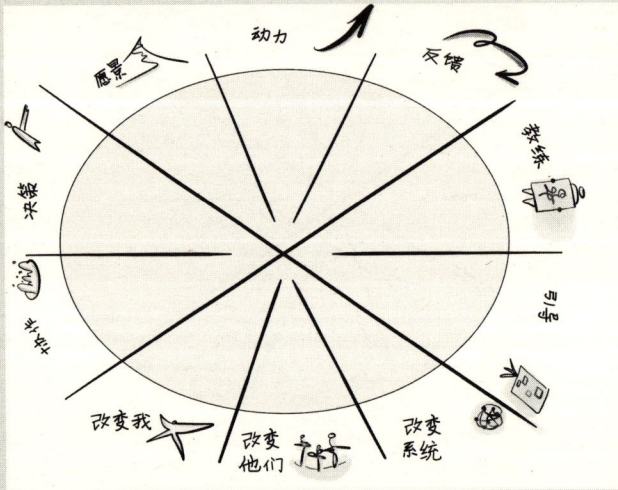

敏捷笔记　如果你在这些能力方面都很出色，你能做些什么？

你的组织最欠缺的能力是什么？

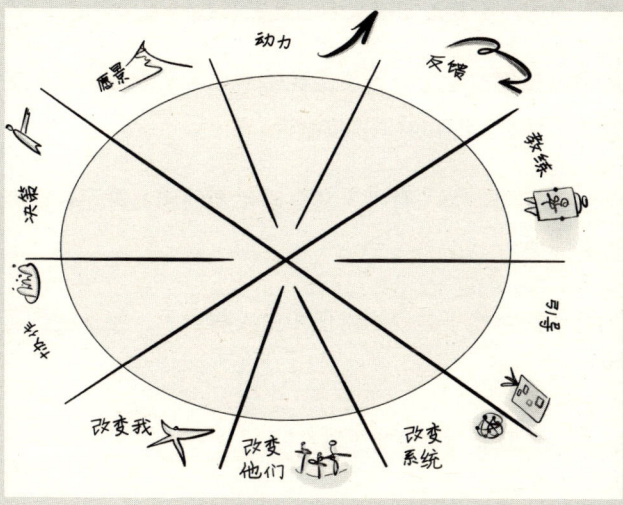

| 敏捷
笔记 | 如果你的组织拥有了原本欠缺的能力，那么将会有什么不同？ |

成为敏捷领导者
The Agile Leader

- 隐喻激发愿景，不要害怕探索你的高层次和低层次梦想。

- 伟大的愿景是通过全部经历了现实的三个层面而创造出来的：感知本质层面、梦想层面和共识现实层面。

- 人们天生就有创造力，有主人翁意识和责任感，并且有自我指导和自我控制能力。

- 真正的合作只会始于共同的责任和主人翁意识，始于我们可以全员一起工作。

- 引导和教练是敏捷领导者的关键技能。

- 从你自己开始，去成为敏捷领导者的榜样吧。

第 6 章
敏捷领导者必须掌握的元技能

　　有时候，从高层次审视自己的技能是很有好处的。与精确和专业化的胜任力相比，元技能更抽象，影响范围更广，几乎可以涵盖工作和个人生活的每一个方面，并且可以在系统级别上访问。元技能分为三个领域：我、我们和世界。

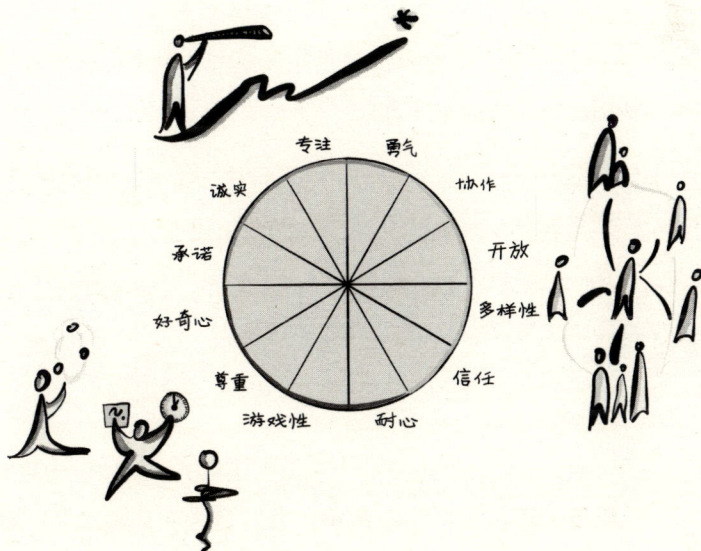

"我"领域

"我"领域是内部驱动的。它允许你选择一个立场，决定你是否想要带着好奇心、游戏性、尊重和耐心来处理这个情况。

好奇心是敏捷领导力模式中获得觉察这一步骤的关键因素。如 M. 弗里奇洪（M. Fridjhon）等人所认为的那样，它刺激你寻找不同的视角，倾听系统的声音。它是系统化思考的核心元技能之一。

当你开始享受敏捷力领导模式，并开始寻找理解系统的创新方式时，游戏性就会出现。它让模式的第二步"接纳它"变得令人愉快，你做的每件事都会更有趣。

尊重是"接纳它"这一步骤的核心要素。它帮助人们将情况内化，并接受系统的声音是多种多样的，没有对错之分，只是不同而已。记住，每个人都是对的，但都只是部分正确，这培养了真正的民主，并帮助你放下对错误的恐惧，让你再次变得有游戏精神和好奇心。

最后，为避免匆忙完成敏捷领导力模型的转型，你需要保持耐心，要花时间去接纳情况。不用着急，在系统级别，你有无限的时间。没有完美状态，没有最终状态，只有一点是肯定的，即在一个复杂的系统中总是有更好的做事方式。掌握耐心的第一步是将这种不限时的概念内化。

他们的 ——
答案

The
Agile
Leader

不久前，我加入了一个非常不正常的团队：信任度低，缺乏透明度，还有很多钩心斗角。要有耐心实在太难了，看起来我

们什么都做不成，太令人沮丧了，我甚至想过放弃和辞职，但我
很少放弃。我抱怨，我感到沮丧，但我总能莫名其妙地恢复过
来，并找到另一种方法来处理情况。这次我想到的是这个元技能
练习。我想，如果我不能改变状况、改变团队的精神，也许可以
在我的技能和能力方面做做文章。我决定培养自己的好奇心和耐
心，每次参加会议时我都牢记这两项元技能。我尽量少说、先
听、多问问题以了解团队所有成员的意图，并对他们的立场感到
好奇。令人惊讶的是，这个练习在很多不同的情况下都对我有帮
助，我开始有不同的反应方式，并比以往更经常地放手顺其自
然。事实证明，当你专注于自己的改变而不是试图改变他人时，
有时会发生非常有趣的事情。在不到一年的时间里，这个团队成
了我最亲密的团队之一，摆脱了我们一直以来所面对的所有障
碍。我不会说这仅仅是我的功劳，但我非常确定这两项元技能帮
助我更好地影响了团队，使团队更健康。

"我们"领域

"我们"领域来自于环境，是
驱动着我们一起工作的方式。就像
在"我"领域一样，你可以选择专
注于元技能中的协作、信任、开放
和多样性。

一方面，协作是每个团队的核
心敏捷元技能，没有协作，团队就只是一群个体。另一方面，领导者是团队不
可或缺的一部分。协作能激发共同创造的精神，培育创新和创造力。协作性越
强，团队质量就越高。紧密的协作可以增强人际关系，建立社会联系，增权赋
能，并帮助定义自主性。

信任是任何协作的先决条件。如果没有信任，就只会是个人在保护自己的地位。没有人会让自己变得脆弱，没有人会公开分享自己的想法，整个环境变得过度自我保护。缺乏信任会扼杀任何团队精神，导致有害的行为和钩心斗角。

就像调味料为你的食物增添了美妙的香味、风味和滋味一样，开放和多样性为环境增加了多样化、活力和深度。与缺乏透明度的封闭环境相比，开放的环境使团队有更高的责任感和更快的学习速度。多元化的团队往往比同质化的团队更有创造力和创新精神。然而，多样性关注的不仅仅是团队的组成，它是一种视角的多样性。我们是在积极地寻找不同的观点，还是倾向于搜集相互支持的同类观点？多样性元技能能帮助我们专注于寻找各种角度来提高对系统的认识。

"世界"领域

"世界"领域是我们向世界展示的态度：承诺、专注、诚实和勇气。

承诺是敏捷转型背后的驱动力。没有它，任何改变都不会发生，任何问题都不会得到解决，任何项目都不会结案。

专注会增强这种驱动力。它具有创造"流"的潜力，"流"是一种事情几乎无缝发生的状态。语境切换会降低生产率，而专注于业务价值则会助长动力。

诚实能激发诚信。我们说的话是真的吗？我们也是这样做的吗？或者，我们是在假装，在隐藏真相，以使当前的情况更容易应对？

勇气能改变游戏规则。我们有足够的勇气去做试验吗？我们是在改变游戏，还是更喜欢遵循既定的做法和流程？人们会有不同的反应，但是没有勇气就没有领导力，没有勇气也就没有敏捷。

敏捷小测试

考虑你的组织的实际情况，从每个领域中选择一项对你的组织的文化很重要的元技能。

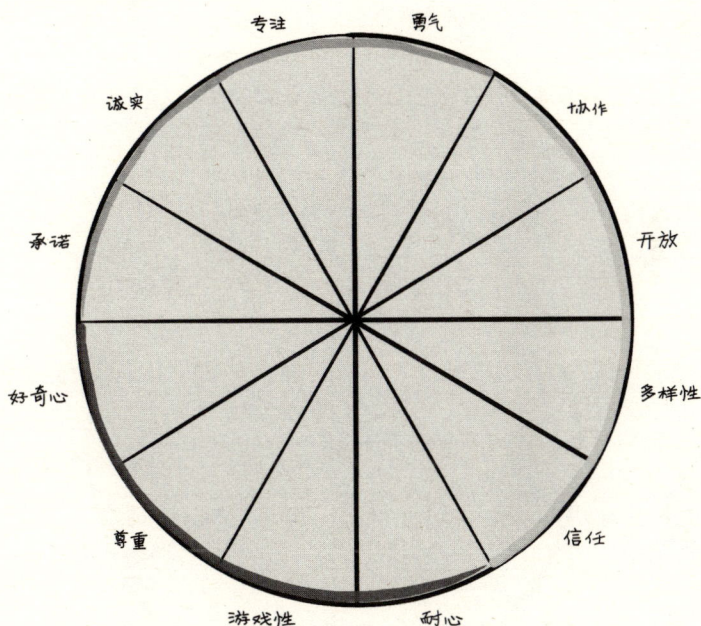

敏捷
笔记   这项元技能对你来说意味着什么？为什么它很重要？

敏捷小测试

从以下领域中选择一项在你的组织的文化中缺失或被边缘化的元技能。

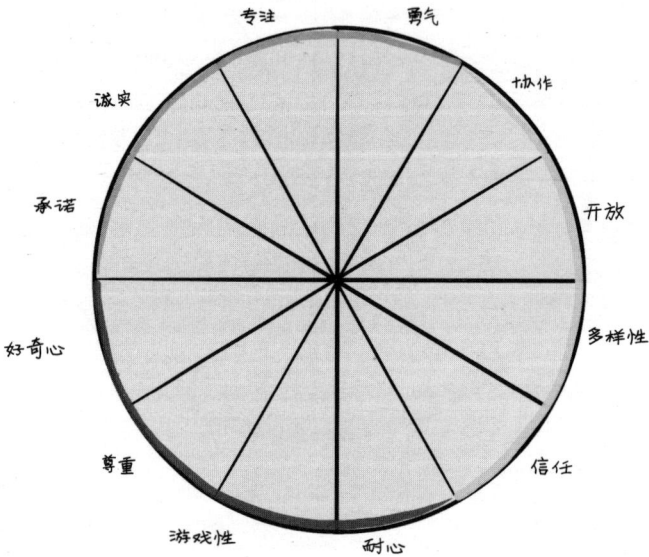

敏捷 笔记	这项元技能对你来说意味着什么？你为什么知道它缺失了？如果它变得 重要了，会有什么不同呢？

成为敏捷领导者
The Agile Leader

- 好奇心是寻找不同视角的关键因素。

- 没有完美状态，没有最终状态，只有一点是肯定的，即在一个复杂的系统中总是有更好的做事方式。

- 信任是协作的先决条件。

- 多元化的团队比同质的团队更有创造力和创新精神。

- 没有勇气就没有领导力，没有勇气也就没有敏捷。

第 7 章
敏捷领导者引领敏捷组织

　　一旦接纳了敏捷和新的领导风格，敏捷领导者们自然会帮助组织接纳相同的价值观和原则。一个敏捷组织从一开始就是敏捷的。使组织变得敏捷并不需要特定的框架，你所需要的是在组织的所有级别上实践敏捷性。你永远不会完成这项工作，因为总是有更好的做事方式。试验，并通过频繁的反馈，找到你自己的做事方式。敏捷组织就像地平线上的一颗星星——你永远无法触摸到它，但一步一步，在短时间的迭代中，你可以更接近它。

The Agile Leader

敏捷组织就像地平线上的一颗星星——你永远无法到达，但你可以一步步地靠近它。

　　你所需要的一切就是勇气、承诺、专注、开放和尊重①。"形式上的敏捷"

---

① 勇气、承诺、专注、开放和尊重是 Scrum 的 5 项价值观。

与"身心合一的敏捷"并不相同。框架、方法和实践只是工具，可以让过程更快、更愉快、更有效，但只有工具不能改变心态。尽管如此，还是有一些概念可以帮助你理解如何成功地构建一个敏捷组织。

由内而外

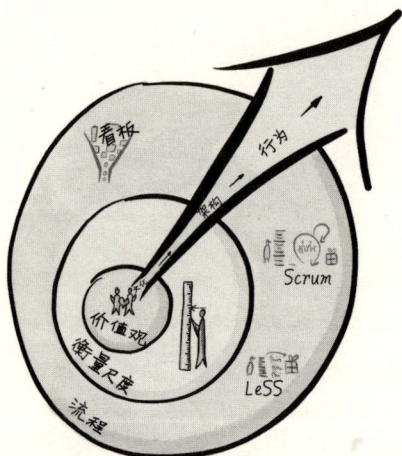

大多数敏捷转型都是由外而内的，从流程或架构变化启动，管理层将一个新的框架强推给组织，但价值和文化没有发生真正的变革。这看起来是个不错的开始，因为简单实用。然而，这通常只会导致形式上的敏捷，而不是身心合一的敏捷。这样做不会更接近预期的敏捷组织，你得到的只是毫无意义的"伪敏捷"和"黑暗 Scrum"在实施实践。

任何可持续的变革都需要由内而外，从价值观的改变开始。

如果你关心可持续的敏捷性，实现它的唯一途径就是由内而外——从改变价值观开始，并从内部构建思维模式的转变。我们是否关心通过试验、团队合作、价值交付和对变化的响应来学习？我们是按照这些价值观来生活的吗？我们需要从这些地方开始。如果不改变这些价值观，任何框架都对我们没有帮助。

我在实践敏捷的组织中最常见到的失败原因，是将敏捷作为另一个过程和目标，这样做几乎从未奏效过。它通常以相同的请求开始："我们需要培训 × 名敏捷人员。"当每个人都接受了培训后，"敏捷转型"就完成了，简单明了。但架构、文化和价值观没有改变，对结果也没有任何明确的预期。我曾在许多以这种方式实践敏捷的组织中工作过，我发现这种捷径从来不曾奏效。

让我们来看一个失败的案例。有一次，我被要求在一个非常小的软件工程组织中导入敏捷和 Scrum 培训。这些组织通常很容易就能切换到敏捷的工作方式，因为它们是倾向于灵活和协作的。一开始，我们与一个特定的团队交谈，事情看起来很简单，参与者对内容感到好奇和有兴趣，总经理和他的管理层似乎很支持。然而，当我们两天介绍中的第一天结束时，预示这次转型不会平稳过渡的警告出现了：小组成员提到他们还不能下班——他们仍然要完成当天的工作计划。他们这两天都得工作到午夜。他们都一再强调，为了完成严格的任务分配而加班是一种例外，强调在项目交付后的两周内他们应该有更多的时间。我们准备好为他们提供持续的教练支持，但他们坚持说他们并不需要。

在大约 6 个月后，我们被召回来进行了为期一天的评估，很明显，除了举行过几次没有成效的会议，该组织并没有发生多大变化。团队成员仍然被各自分配任务，仍然太过忙碌。没过多久我就发现，他们甚至连停下来几个小时以讨论如何改变他们的工作方式都不可能。唯一的变化是在术语上，毫不奇怪，这种变化不足以产生任何结果。我们说，团队和管理层需要一起由内而外开始转型，但不幸的是，同样的事情发生了——只是这一次，该组织增加了更多的流程，并聘请了一位经验不足的 ScrumMaster 来实施 Scrum。与以前一样，该组织拒绝任何敏捷教练，因为现在所有相关人员都挺清楚敏捷的，而且他们都挺好的。8 个月后，我再次来到这里，这一次是为了培训新的团队成员，因为团队里的很多人都离开了。他们的 ScrumMaster 已经完全耗尽了能量，也将在月底离开。这一次，每个人都准备倾听并改变他们的工作方式。为了开始改变，我们在培训后组织了为期一天的工作坊。他们也明确介绍了这次变革的深刻的战略原因，并设法给团队时间和支持以改变他们的工作方式。这一次，变革从内部开始，向外推动。这比之前的术语和流程变更困难多了，但变革成功了，并获得了回报。

敏捷笔记　列出至少 3 个进行敏捷转型的战略原因。
为了使你的组织变得敏捷，组织里有哪些价值观首先需要改变？

敏捷笔记　你如何知道你达到了目标？

敏捷笔记	什么流程、做法或框架可以帮助你实现敏捷？

进化意图

组织的自组织性和去中心性越
强，就越需要强烈而明确的意图，
这样人们就会因为这个他们所相信
的最重要的原因而参与其中。初创
公司通常是由这样的进化意图驱动
的。好的进化意图指明了方向，给
了人们目标，并且是统一的。它定
义了我们是谁和我们不是谁。"进化的意图反映了组织存在的深层原因。这与
它希望在所运营的社区和所服务的市场中创造的差异有关。它不关心竞争或超
越他人，重要的是服务于'更大的利益'。"

对于传统的组织来说，这样的意图是非常遥远和难以想象的。他们生活在
一个充满硬性指标、目的和目标的世界里，生活在一个员工需要被告知该做什

么并据此来度量绩效（X 理论）的世界里。有了好的进化意图，世界就变成人们天生就具有动力（Y 理论）并与意图保持一致的地方，你需要做的一切就是给他们自主权并相信他们能做到。

敏捷笔记   你的组织的意图是什么呢？

敏捷问卷

以下哪一项陈述能最好描述你的组织的意图？

1	————	10

意图不为大多数员工所知。它就摆在这里，但我们并不太关心它。

意图给出了组织存在的深层原因，我们生活在它身旁。

该意图表明了组织内部想要做什么，但没有明确的对外方向。

意图显示了组织想要在社区或市场中创造的不同。

这一切都与竞争有关。我们必须比其他公司表现得更好，扩大市场份额，并以牺牲其他公司为代价来发展业务。

为更大的利益服务。我们正在寻找盟友来扩大这一利益。利润只是价值交付的副作用。

你的答案越靠近右侧，你的组织拥有的进化意图就越高远。

进化意图是敏捷组织的先决条件。如果没有它，完全的自主权将会造成混乱。如果在上面的练习中你的组织没有呈现出足够强烈的意图，也不用担心。敏捷组织不会在一夜之间变得敏捷。有好的意图是进化的推动力。敏捷最终会发生，而且通常比你预期的要快得多。

自发式领导力

在传统组织中，领导力主要是由职位赋予的，而在敏捷组织中，我们更多地依赖于自发式领导力。换句话说，任何人都可以成为领导者，只要他或她有足够强大的信念和勇气去获得主人翁身份并为之奋斗。自发式领导力是任何自组织环境的关键驱动力。在一个运转良好的敏捷组织中，领导力是分散的和去中心化的。领导力不再与任何职位挂钩，它对团队和个人都是开放的，大家可以自由地围绕自己的想法构建任何团队。每个人都可以成为领导者，这是你自己的选择，只要你准备好去承担责任，并且树立起主人翁意识。

自发式领导力的核心先决条件是彻底的透明和频繁的反馈——在敏捷环境中，没有什么是不可能的。任何人都可以提出一个想法，与每个人分享并寻求反馈，而周围的人则会确保这个想法值得遵循。在开始的时候，你可以从一个小措施做起，之后，这些小措施可能会发展壮大，覆盖到更广的范围。之所以能改变游戏规则，原因在于领导者不是必须向某位管理者汇报，而是向同事们汇报，在某种程度上说乃是向整个组织汇报，领导力是自发的。在传统组织中没有意义的行为开始在小范围、自组织团队的层面上体现出意

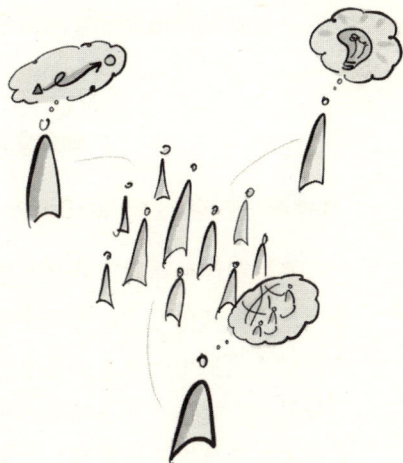

义，并在扁平的敏捷组织架构中蓬勃发展。

自发式领导力可能是一个很难理解的概念，T. L. 弗里德曼（T. L. Friedman）是这样看待这个问题的："我们渴盼的事物首先是一般认知能力，其次是领导力，尤其是区别于传统领导力的自发式领导力。传统的领导力是'你是象棋俱乐部的主席吗''你是销售副总裁吗''你多快能达到那个目标'等等，对此我们不关心。我们关心的是，当你面对一个问题，你是不是团队中的一员，你是否会在适当的时候介入并负起领导责任。同样重要的是，你是否会退下，停止担任领导，是否会让其他人去担任。因为在这种环境中，要想成为一名有效的领导者，关键在于你必须愿意放弃权力。"

这一概念在书上读来是很有道理的，然而应用起来却并不容易。我们都在与几十年来等级森严的职位式领导力遗留下的社会和文化做斗争。直到最近几年，我们才开始听说有些公司的自发式领导力已经成为它们成功的核心驱动力。这反映了一个事实，即行业是在最近几十年里才需要应对 VUCA 的挑战的。复杂性需要通过复杂性来解决，而自发式领导力正是能让组织更具创造性和创新性并更好地处理复杂性的概念之一。

在企业环境中组建团队

翁德雷·本奈斯（Ondrej Benes，德国电信公司 IT 部门捷克分部负责人）

我们国际电信公司正经历着成为敏捷组织的巨大转型。有些部分已经使用敏捷很久了，其他部分已经开始或迟早要开始。我们开始讨论如何在组织中构建我们未来的敏捷团队。很快，我们得出结论，我们要做一个试验：让我们的同事自己组建团队。我们设置了一些待创建的团队必需满足的条件，如团队中所需的跨职能并能够处理从分析到运营整个生命周期的工作的最大人数等。

我们并没有就此止步。我们决定在民主团队组建方面更进一步，让新成立的团队选择他们的 ScrumMaster。此外，产品负责人们和这些团队要就谁将在哪个团队中扮演产品负责人的角色达成一致。我们都非常好奇接下来会发生什么。赞助商没有使用最终否决权，管理层也没有使用否决权，没有出现紧急中断，所以我们不知道接下来可能会带我们走上什么样的道路，但我们相信系统会按最好的意向运行。

某一天，我们将团队聚集在公司外的某个场所。大家的参与都是自愿的。那些决定不出席的人准备好了自己的头像，并将投票权委托给出席者。在经历了最初的犹豫之后，人们开始投票——我们可以观察到大家是如何分组的，名字是如何被添加到代表各团队名单的海报上或从上面删除的。当接近结束时，这种改动的强度增加了。之后，通过拇指向上 / 向下的标志来表达对这一轮投票是否满意，我们可以知道大家对结果感到满意，还是需要再投一轮。团队成立后，我们共同审查了所有预先提交的 ScrumMaster 和产品负责人等名单，根据出席者的想法修改了名单，并进一步进行了选择。在半天的时间里，实时、面对面、透明地完成了团队成员和角色分配的投票试验，所有决定参与的人都参与其中。

对于天生就敏捷的初创企业来说，这种活动听起来可能并没有什么大不了，可能更像是一种司空见惯的事。但在我们这个庞大的国际公司，在那个仍然层级分明的时间点，它至少有点与众不同。

我们很高兴自己有足够的勇气将项目群级别的角色也融入游戏中。我仍然相信这对团队来说是一个好消息。在我看来，这不是一种仅仅停留在口头上的展示，而是透明、授权和共享领导力的一种活生生的体现。当然，我们从中也吸取到了教训，知道了下次应该怎么改进。例如在收集 ScrumMaster 和产品负责人等角色的提名时，我们可能得给出资质标准。我们这次可能太"自由"了，该提名对任何表现出兴趣并有能力说服团队接受他或她的人都是开放的。这可能不是最好的方法，因为你需要仔细考虑环境的整体成熟度。后来的结果是，自我调节系统在某些方面失败了，团队经常会选择他们认识的候选人，同时对此人的某些品质则会故意有所妥协，而不是选择一个他们不认识但可能有更高潜力的人。这再次证实了人类天生倾向于回避未知的事物（这是生存本能）。

如果面对同样的情况，我会再做一次类似的练习。我相信，这样的团队构建是邀请每个想要掌控事情的人来影响我们的工作环境的正确方式，它支持敬业度和自发式的共享领导力。

"我们"文化

正如埃德加·沙因（Edgar Schein）在他的一本书中所说："领导者唯一真正重要的事情是创造和管理文化。如果你不管理文化，文化就会管理你，而你甚至可能意识不到这种情况的严重性。"然而，许多领导者仍然专注于流程和框架，回避文化的话题。这我能理解，因为这种情况也花费了我一段时间。文化是无形的，它很难触摸，很难定义，也很难衡量。然而，它是组织成功的一个关键部分。文化反映了我们的价值观和哲学，反映了我们的生活方式。**敏捷与思维方式的改变有关，如果有足够多的人改变了他们的思维方式，文化就会改变，组织就会变成一个敏捷的组织。这么说很简单，但要实现却很难。**

文化就像一只蛤蜊。它由思维模式和架构两部分组成，这两部分是相互联系的。你不能把它们分开。如果你这么做了，文化就会消亡，组织也会举步维艰。同样的，这两个部分也会像蛤蜊张开壳一样，为了适应变化而相互远离，然后在架构满足了思维模式时关闭，而这将为另一个变化创造积极的能量和准备。我们可能会争论这种思维模式是否遵循了这种架构，或者反过来，但我认为这并不重要，这是关于平衡的，是关乎彼此在意、而非为了任一方而牺牲另一方的。

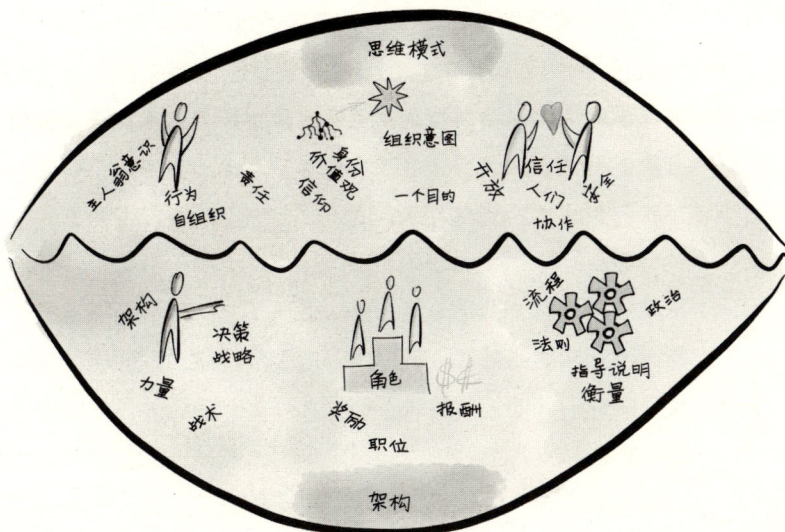

改变思维模式是困难的，但能带来长期的结果。确立足够强大的意图，让你能每天早上从床上爬起来并投入精力去实现它。那是你真正相信并愿意树立主人翁意识和承担责任的事情，是能让你与他人合作的事情，是让你开心的事情。

一方面，当你成功地转变了思维模式后，它就会给现有的架构带来压力，而你就会有能量去改变架构。另一方面，有时适应变革的唯一方法是变更现有的架构，例如从组建团队变成利用跨职能团队。如果架构太严谨，思维模式就不会成长。

他们的答案

The Agile Leader

过于严谨的架构会扼杀思维活力

我记得曾经帮助过一个组织，该组织里的思维活力被几乎没给人们留出呼吸空间的固化架构扼杀了。该公司对团队进行了基本的敏捷和 Scrum 培训，但在培训期间，已经有迹象表明这个过程将会很艰难。

任何关于跨职能、协作、学习或重构的对话都会以团队说"没有时间"而告终。当我们第一天谈到衡量指标时，我开玩笑地提出他们用每个开发人员每天写多少行代码来衡量。通常我这么说的时候，人们会发笑，但这次，我看到的却是奇怪的表情。"我们目前就是这么做的。"他们说，"没有人会帮助别人，因为他们自己可能都没办法写完足够多的代码。"事实上，他们的工资就是基于这个指标来计算的。新员工之所以离开，是因为他们在得不到帮助的情况下没有足够的工作能做，同时因为没有人愿意帮助他们，他们学得也不够快。因此，他们无法很快得到合理的薪水。当我问他们如何处理这个问题时，他们说这就是他们参加培训的原因，他们觉得自己需要一场变革。他们已经开始在一定程度上忽略指标，而进行更多的协作。

这是最奇怪的案例之一。这个团队对个体工作过程进行微观管理，专注于使个体效率最大化，并使每个人都具有高度的竞争性，而不管这是否有价值。他们的主管经常在最后一分钟取消团队的休假计划，因为他们需要做更多的工作或需要在周末完成一些任务。你可能会问为什么团队成员没有离开，我想是因为他们最终还是得到了报酬，而在那个地区工作机会并不多。他们不断地得到承诺，说下一个项目情况会变好，但情况从来没有变过。

很遗憾，该组织无法改变思维模式。它没能成功组建任何Scrum开发团队，甚至没有经常进行回顾。没有关于工作范围或优先事项的讨论，因为"一切"都必须完成。最后，员工们问我是否愿意与他们的老板谈谈。我当然愿意，而且随时都可以。然而，谈话并没有进行，管理层并不在乎。他们完全抱着成就者的心态，坚信他们的员工需要压力才会完成工作（X理论），而且高度等级化的组织设计也不会改变，因为管理者会把任何授权视为对自己地位的威胁。

对于这样的组织，没有什么灵丹妙药，有些环境还没有准备好。敏捷需要一种紧迫感（而在这个案例里它还不存在）和管理层的某种准备状态（他们甚至都还没接近这种状态），在文化的架构部分要有足够的空间便于新的思维模式成长（也没有）。除非架构有所改变，为新的思维模式创造空间和机会，否则任何敏捷尝试都将失败。

如果你想改变这样的环境，敏捷领导力将会有所帮助。从系统的角度来看组织，应用敏捷领导力模型，并保持中立，认为场景中所描述的既不是错的也不是对的。阅读这个案例只是给你一个视角。多倾听，并主动地寻找和觉察不同的观点。共识是关键，而透明度总是能为达成共识提供很大帮助。然后，一旦你设法放手并接纳文化架构的现状，那么比起你只是站在一边试图判断对错，根据情况采取行动将会给你非常不同的机会。

根据情况采取行动的一种可能手段是做前面提到的力场分析。很明显，支持和反对采用敏捷思维模式的力量在组织中是不平衡的，甚至相差悬殊。力场分析可以帮助你确定团队应该关注的地方，以便使其达到平衡，并将力量转移到敏捷的那一侧。

根据情况采取行动的另一种手段是将权力和协作可视化，并展示不同工作方式的结果。当团队中的每个人都感受到当前的状态带来了太多的压力时，他们可能会产生紧迫感。在上面的案例中，他们已经做了一部分工作，有时所需要的只是有勇气去克服第一个障碍而不放弃，只是继续前进。

不过，也还有很多其他的方法可选择，所以不要想得太多、太过担忧。只要去试一试，再多做一点，看看获得觉察这个步骤会给你带来什么。不要为未来制订计划，只要活在当下。

过于开放的架构会造成混乱

如果在思维模式还没有站稳的时候，你就把架构打开得太多，那么你所得到的只能是混乱，以及对其他优秀做法的失败尝试。比如，我合作过一个组织，它从一个不需要太多授权就能做出所有决策的层级管理过渡到非常高级的敏捷实践。管理层对于放手十分纠结。从他们的传统思维出发，管理层甚至没有看到不同的授权步骤。他们要么自己做出决定，要么放手不管。对他们来说，这是一个非黑即白的世界。有一天，他们做了这么一个决定：因为他们是敏捷的，这意味着他们已经在团队级别上实现了Scrum，所以他们应该将关于产品负责人奖金的决策权下放给产品负责人团队。问题是，这群产品负责人远没有形成团队；更糟糕的是，这些人有着不同的目标，并为获得成功而相互竞争。他们没有共同的目标，因为组织的愿景非常抽象，不能作为统一的进化意图而发挥作用。由于个体之间的关系非常薄弱，因此他们身处相当有害的环境，指责和蔑视成了他们日常生活的一部分。

决定奖金的自由对于运作良好的团队来说是一种很好的实践，但在这里却导致了一场巨大的斗争。隐藏在表面和谐的遮羞布背后的冲突被点燃了，并且比以往任何时候都要剧烈。场面非常难看，因为没有对错明确的解决方案，产品负责人和管理层都感到沮丧。

冲突给了管理层一些反馈，提醒他们团队需要被呵护，团队不同于"一群人"，要让这些员工组成一个团队，管理层需要创造团队环境。我也向团队提供了反馈，诚实地向他们展示了他们所处的状态。最初的几周和早期的回顾都很艰难，但从长远来看，回顾带来了更诚实和坦率的反馈，帮助产品负责人组建了一个更好的团队。他们假装不存在的一些问题——甚至是一些与当前情况完全无关的问题都浮出水面，并得到了解决。所以，谁知道什么是对，什么是错的呢？在一个复杂的系统中，不做评判是有帮助的。只要觉察到它，接纳它，并采取行动就够了。

　　拥有强大的意图、价值观和身份认同是敏捷文化的关键，否则，组织就只能靠人为的规则、制度和流程维系到一起。当你把规则、制度和流程去掉时，人们突然就不知道该做什么了，最终他们会发生个体的争斗。在一个传统的组织中，当没有秩序或流程可遵循时，很少有工作能完成。而在敏捷组织中，方向是由组织的意图确定的，"如何做"是由价值观和身份决定的，所以即使没有推动，事情也会自然而然地发生。

思维模式和架构的平衡

　　这个案例来自一个让敏捷文化逐步成长的中型公司。几年前，该公司开始改变思维模式。它以一个项目为试点，在团队层面尝试 Scrum。当我与管理层交谈时，很明显他们已经批准了 Scrum 试验，因为这个试验是受项目限制的，而且该公司以人为本，管理层不喜欢对员工说"不"。然而，任何关于自组织的讨论都没有办法进行下去，因为该话题造成了管理层对失去掌控力的恐惧。

　　在每一个步骤中，该公司都认为这个项目是与众不同的、奇怪的、尴尬的，而让管理层吃惊的是，它也是成功的。管理者们开始采用 Scrum 术语，并接受了 ScrumMaster 这个角色。你可以看到，在项目团队外部发生的事情并不多，但是团队成员完全改变了他们的工作方式，并且几乎是即时见效的，团队有了更好的质量、更强的动力、更多的创造力，以及更高的价值交付。

　　这一项目的试验成果非常吸引人，因此，另一个部门的一位管理者在她的一个团队中也进行了试验。然后，一步一步地，企业文化中的思维模式部分开始改变，新的团队开始建立并加入进来。有一些团队需要进行架构调整才能实现跨职能并带来密切的业务关系，而其他团队无需太多架构调整就可以实现跨职能。最终，该公司准备好了进行扩展。它将几个分散的项目组合成由一名产品负责人领导的、范围更广的、以业务价值为驱动、以客户为中心的产品，管理层开始谈论敏捷领导力、团队协作和敏捷文化。然后，公司选择了一位新的 CEO，他在人力资源、财务和整体的组织工作方式上发起了变革，该公司变得以团队为导向、协作和以文化为驱动了。

这整个旅程既不顺利也不短暂。我们谈论的是一个几百人的公司在近 10 年的时间里从非常传统的思维模式、关注个体的组织架构以及专家型的领导力，转变成一个关注价值流、把团队协作写入组织 DNA 并使敏捷领导力成为重要存在的敏捷组织。在每一个步骤中，他们都在观察组织架构和思维模式二者的平衡，并频繁使用反馈环来纠正两者离得太远的偏差。他们做得够完美吧？还差得远呢。但他们在敏捷之旅中已取得了巨大的进步，这为他们的业务带来了切实、可衡量的积极成果。

通过迭代的方法，你可以进行小型试验，并通过频繁的反馈环来学习，这是开始敏捷之旅的好方法。改变一个组织的方法没有对错之分，而且通常只有尝试之后你才会知道行动的影响。上面的例子中的公司尝试了很多东西，通常还需要退后一步，重新组合，并给另一半文化追赶上来的时间。对敏捷领导者来说，最难的元技能是耐心。是否有耐心是成就者型和催化者型领导风格的关键区别，是以直接结果为导向，还是专注长期目标的区别。文化的转变是不能推动的，正确的文化需要去成长。

The Agile Leader

文化的转变是不能推动的，正确的文化需要去成长。

敏捷
笔记　你会用什么词语来描述你当前公司的文化？

敏捷
笔记　你会用什么词语来描述你期望得到的公司文化？

敏捷笔记　比较以上两个问题的答案，想想你可以采取什么行动来支持公司文化向期望状态转变。

上面问题的实践通常以工作坊的形式在组织中进行。你可以使用便利贴和圆点投票，也可以进行数字化并利用一些在线调查和投票工具，使数据收集阶段更容易、更迅速和更透明，即使是面对更大的群体也可以进行。

你会用什么词语来描述你期望得到的公司文化？

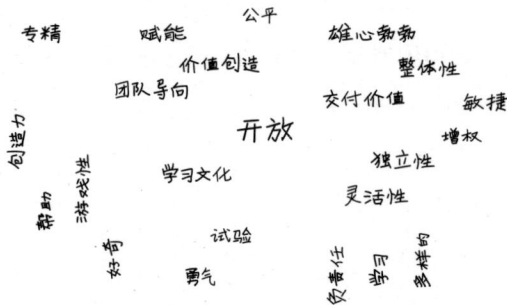

专精　赋能　公平　雄心勃勃
价值创造　整体性
团队导向　交付价值　敏捷
创造力　开放　增权
帮助　持续性　学习文化　独立性
好奇　试验　灵活性　多样的
勇气　负责任　自主

在我的工作中，我大部分时间关注的都是思维模式的改变，因为它有潜力为变革的力量创造适当的平衡，支持组织架构的调整。从一些小步骤开始，一点一点地开始用不同的方式做事——合作，增加透明度、灵活性和适应性，经常分享成功的故事，让每个人都看到影响，让组织感受自己在敏捷方面的经验。你可以在内部杂志上刊登成功故事、定期组织敏捷聚会、写博客、制作 Facebook 直播视频……没有哪种方式比其他方式更好，每种方式都能抓住其受众群的注意力和兴趣。不要被流程和指导方针弄得太沮丧。随着思维模式的进化和更高的透明度，事情变得更为清晰和具体，组织将意识到当前的架构正在阻止你完成想要的变革，整个文化将会改变。文化的蛤蜊关闭了它的两瓣壳，思维方式和架构这两个部分相遇了，并开始了一个新的彼此远离的周期，等待着另一个变革来让它们互相适应。

好消息是，当接受变革的思维模式形成后，改变架构就相对容易了。但这是一个永无止境的过程，就像一场持续不断的文化乒乓球赛，球在思维、架构、思维、架构、思维、架构……之间不停地来回。

他们的答案
The Agile Leader

文化的力量

黛布拉·皮尔斯 - 麦考尔（Debra Pearce-McCall，Prosilient Minds 的所有者和创始人）

当我得到晋升并做出了举家搬迁的重大决定时，我从来没想过我在这个职位上会只做两年，这件事在敏捷领导力方面给了我一辈子的教训。赌注很高，我们关注的点是客户的健康、幸福，有时甚至是生命。我们的公司从所有的方面来考核我们的业绩，从几秒钟（例如多长时间才能接通电话），到几分钱（每个被保险人每月的费率），到重大的健康结果，再到利用率（较低）和客户满意度（90% 或更高）这两个具有挑战性的组合……我们表现很好，但当我们的合同到期需要续签时，甲方却决定将所有业务都交由内部完成，不再外包。于是我又做了一个重大决定，我决定选择完全公开透明，并弄清楚如何以一种最好的方式通知所有员工我们要倒闭了——但不是现在倒闭，而是再提供一年同样水平的服务之后（影响公司生存的风险不会消失）。在接下来的一年里我一直保持着我那诚实、包容和实验性的敏捷直觉：我们会继续营业，只是不会像以往那样营业。

多年的心理学和人类系统方面的经验，对于我们人类的头脑、相关模式和变化过程的学习和工作，已经将我锤炼成为一名很好的领导者。我知道心理安全、清晰沟通、修复误解和其他软技能的重要性，并能将这些技能与预算、会议议程、艰难决策和绩效标准等相结合。我可以活在当下，适应能力强，有创造力；我也鼓励我周围的人都这样做。挑战很明显：要做什么样的改变，才能激励人们留在这些将要消失的工作岗位上？在一个可爱的上升式螺旋中，我那一年里创建的大量敏捷项目让每个人都参与进来并全力投入，而这在后来给了我协商遣散费时可以使用的筹码（只有我们坚持到最后才会收到遣散费）。在几个事例中有一个很有趣：由于我们离"总部"太远，无法将我们的办公设备运回去，于是我提出了一个替代方案。我们举办了自己的"特价销售活动"，员工们以惊人的折扣购买了办公家具和用品，然后我们用这笔钱举办了一场精彩的阖家参与派对。还有一个改变职业生涯的例子：我开发了一个项目，任何有资格和感兴趣的人都可以接受交叉培训（例如，我们诊所的医疗保健提供者可以学习护理管理或利用率审查，入院协调员可以学习计费和索赔管理等，反之亦然）。几乎所有的员工都利用了这些机会，这有助于我们 100% 地留住员工，也使得员工在我们倒闭后很容易找到工作。在这项不寻常的业务的最后一年年终时，我们甚至实现了每一项业绩指标，同时尽我们所能确保我们所有的客户顺利过渡到新业务。在那之后的几十年里，我辅导过各种行业、各种情况的领导者，目睹了我在那一年学会运用的那些要诀的相同力量：生活意味着改变和适应，所以要带着好奇心去敞开怀抱接受它；要真实，否则就是浪费精力；进行清晰的沟通；尽可能地共同创造；心怀善意和包容。其余的事大多数都会自行处理好，而且往往是以我们无法预测的方式进行！

敏捷组织需要正确的文化。归根结底，你会发现一切都与协作相关：我们如何作为一个团队工作，如何相互支持，如何承担起团队的责任并具有主人翁意识。敏捷领导者需要创造这样一种文化，因为没有它，敏捷永远不会成功。

戴夫·洛根（Dave Logan）在《部落领导力：利用自然群体建立繁荣组织》（*Tribal Leadship: Leveraging Nature Group to Build a Thriving Organization*）一书中，总结了组织中大多数人需要经历的过程。根据这本书的说法，部落是人类的一种自然形态。"鸟、鱼聚成群，人聚成'部落'。"在任何组织中，你都可以找到不同类型的部落。

洛根描述的第一类部落是"生活糟透了"。好消息是，这类部落并不常见，只有 2% 的组织可能由"生活糟透了"部落主导。在这里我指的是监狱、黑帮等。他们不明白你怎么能对任何事都感到高兴。他们的心态是"生活糟透了。你就是不明白，隧道的尽头没有光，没有会变得更好的希望"。

生活糟透了

如果你在你的组织中遇到这种类型的部落领导力，你要有耐心。说一两句

"团队很棒"的堂皇口号来接近他们可能是没有用的，如果你与他们谈论敏捷转型，无异于谈论移居火星。

第二类部落是"我的生活糟透了"。这类部落在传统的组织 1.0 中很常见，员工感到不受尊重和失去动力，他们抱怨一切。部落定义了思维模式之旅的步骤。在这类部落里，你会有诸如"我的生活糟透了，因为我的工资太少""我的生活糟透了，因为我每天要开车两个小时上下班""我的生活糟透了，因为我有一个无能的老板"之类的抱怨，甚至是抱怨一些琐碎的、容易纠正的问题，如"我的生活糟透了，因为我们办公室没有好咖啡"。

"我的生活糟透了"部落里的人至少能看到隧道尽头有光明。总的来说，只有 25% 的组织由这类部落占多数。这些组织通常根据 X 理论来对待员工，"胡萝卜加大棒"的做法是标准操作。你可以看到大量的微观管理、员工试图与系统博弈、高比例的病假，以及低比例的留存率——如果员工能够在彩票上中一个小小的奖，他们绝对不会再留在这里。

让我们来看看你如何帮助人们提高这类部落的水平。虽然"生活糟透了"这类部落并不常见，但从那里开始很重要，因为对于那些身处其中的人来说，即使是转变到"我的生活糟透了"这个信念也代表着重大的进步。在第一阶段，生活没有光明，所以第一步可能是帮助他们从第二类部落里找到朋友。"我的生活糟透了"部落里的人也没有那么不同，因为他们仍然对事情不满意，但是毕竟，他们已经看到了曙光。

第三类部落是"我很棒（而你不行）"。在这个阶段，人们终于体验到了自己的成功，感觉很棒。"我比别人强。"他们说。"我能做到，而他们不能。我是管理者，他们只是普通员工。""我工作做得很好，他们永远不可能做得这么好。"这是一个极端。这种风格的管理者通常会培养出"我的生活糟透了"

型员工。但另一方面，你也能看到这
种部落领导力阶段的好的方面：专业
化。"我擅长视觉引导。""我擅长探索
式测试。""我擅长用户体验设计。""我
擅长为我们公司挑选椅子。"句子的
第二部分"而你不行"还在，只是没
那么重要，因为每个人都知道大家都
有各自擅长的事，自己优秀并不意味
着其他人不好。这类部落在大约 49% 的组织中占多数。"我很棒"代表了传统
组织的优秀版本，是专注于知识和专业化的组织 2.0 的典型代表。

　　这种部落领导力阶段的积极方面在于，我们致力于让每个人都获得成功。
人与人是不同的，每个人都可以在某些方面做得很好，所以让我们去发现这些
方面并实现它吧，让我们帮助每个人去取得成功。所有的传统做法，那些在我
们的组织中非常典型的做法，比如评选每月最佳员工、制订明确的职业路径、
专注于专业化的详细职位描述，还有考核关键绩效指标、制订详细的目标和目
的、分发奖金和评估绩效等，都是为了支持这一部落领导力阶段，帮助人们体
验自己的个体成功并摆脱"我的生活糟透了"部落领导力阶段的。在"我很棒"
阶段，你能围绕自己在周围创造出越多的成功个体就越好。

　　在这个阶段，缺乏的是协作；个体会为自己得到晋升而高兴，但对公司整
体情况却不是特别热情。当被问及是否喜欢自己的工作时，他们会说："在这
里工作与在其他地方没什么两样，我的意思是还不错，是一份好工作，薪资还
过得去。"他们可能还会列出一份公司提供的福利清单，但仍然没有真正的热
情。一般来说，这类员工喜欢与同事聊天，而如果他们中了个小奖，他们可能
仍然会留下来，将这份工作当作一个兼职，因为这是一种很好的消遣，以免待
在家中无所事事。你很少会看到"我很棒"类型的人在家工作或加班。他们会
说，工作就只是工作。

部落领导力的第四个阶段是"我们很棒"。其背后仍然隐藏着一点点的"你不行",但它不像前一阶段那么强烈,也不再停留在个体层面。这是一个团队的世界,一个敏捷开始变得有意义的世界。它是敏捷之旅的开始。它从小团队开始,进行协作,互相帮助,一起变得更好。它是第一次与个人无关,而与团队有关。在大约 22% 的组织中,这类部落可能占多数。这是一项伟大的成就。在最初的几个团队中,"我们文化"开始出现。它不是关于个体的成功,而是关于团队的成功:"我们是一个很棒的团队(比组织中的其他团队要好)。"团队中的人能感受到这种认同感和归属感。

在这个阶段,你也会为你的公司感到骄傲:"我们是一家伟大的公司(其他公司都没有我们好)。"在这一部落领导力阶段,我们开始建立团队协作的网络。"我们"更广泛,协作更强大。跨团队协作开始增多,团队再次变得不那么重要,单个团队的成功毫无意义。我们需要互相帮助,共同交付价值。我们作为一个组织越强大,对客户和业务就越好。

"我们很棒"阶段是典型的组织 3.0,它在团队层面拥抱敏捷,并通过实施一些框架开始了敏捷转型,如 Scrum、LeSS 或 Nexus,或者是受到 Agile@Spotify 案例启发的框架。公司谈论业务敏捷性和 IT 之外的敏捷性。在团队层面,我们应用 Y 理论,我们相信人们不需要太多的指示,相信他们有动力,能承担责任并具有主人翁意识。在组织层面,它可能仍然具有挑战性,因为组织从传统世界继承了大量的流程,却忘记了消除它们。但总的来说,你会看到一种重视跨职能的趋势,这促进了更宽泛的职位描述和更扁平的层级结构;在敏捷转型过程中,企业的组织架构图通常会从 10 层以上减少到 3 层左右。组织从个体KPI转向团队导向的目标，开始尝试OKR[1]；最后是把工资的可变部分改成了更高的基本工资。透明度也提高很多，这使得它们愿意分享案例，在博客上分享它们的敏捷之旅，在会议上分享它们的故事。在业务上，它们仍然相当保护，重视与其他组织的竞争。

协作会产生强烈的主人翁意识、身份认同和共同的目标。人们很有动力，他们认为工作是生活不可分割的一部分，他们不介意把一些工作带回家做或在必要时加班。他们会毫不犹豫地把到这家公司的工作岗位推荐给他们的朋友；如果他们中了小奖，他们可能会去度假，但很快就会回来工作。一般来说，如果你想把一个大的部落从"我很好"转变为"我们很好"，那就实施敏捷吧。

部落领导力的最后一个阶段是"生活很棒"。这个阶段仍然非常罕见，只有 2% 的组织里这类部落可能占多数。这是一个在组织层面实现敏捷思维的地方。没有竞争对手，组织所在领域的其他组织都是联盟和共同体的潜在伙伴。在它们的旅程中，它们与其他组织形成灵活的网络，而进化意图是组织成功的关键。这是一个"1 + 1 > 2"的世界。彻底的透明是必要的。这些组织对公众开放，组织游客参观，并分享自己的知识和见解。

这是真正的敏捷组织，它不仅在

---

[1] OKR 为"目标与关键结果法"（Objectives and Key Results）的首字母缩写，这是一个定义和跟踪目标及其成果的框架，由谷歌推广开来。

团队层面敏捷，而且在组织层面也敏捷。对当今的大多数组织来说，这是一个漫长的旅程，但已经有了很好的例子。你不需要明天就变得像它们一样，不用着急。任何组织都需要成长为这种思维模式。从今天起，你就可以找到灵感并开始旅程了。

形式上的敏捷并无帮助；你必须做到身心合一的敏捷。

在这个层次，人们对目标充满热情，他们会不惜一切代价去实现它。他们进行协作，善于接受来自内部和外部的新想法。他们经常采取以前很少有人尝试过的非常有创意的方法。他们拥有勇气、专注、尊重、开放和奉献精神。他们不是在做形式上的敏捷，而是活在身心合一的敏捷状态中。拥有这种思维模式的人即便中了彩票，仍然会留下来帮助别人实现进化意图，因为他们相信这一意图，因为它对他们而言很重要。

如果你想把你组织中的主要部落从"我们很棒"转变为"生活很棒"，那么就需要在组织层面变得敏捷。让透明和自主性成为组织的核心价值观，对试验持开放态度，将组织视为团队协作的网络，变成以客户为中心和以目标为驱动。没有竞争对手，也没有强加给自发式领导力的内部界限。敏捷领导力需要成为工作方式，并且需要在整个组织中传播，帮助人们成长并成为敏捷领导者，在他们的旅程中为他们提供支持，使他们成为敏捷组织的榜样，激励整个行业。

部落领导力的概念提供了一个有趣的心理模型，可以让你直观地看到文化中的思维模式部分在如何演变。无论你希望你的组织改变得多快，你都不能跳跃进行，你必须一步一步地去改变。没有办法使主流部落从"我的生活糟透了"直接跳到"我们很棒"。思维模式的改变不会那么快，然而它也无需花费数年时间——你只需遵循这个过程，并与之后的敏捷实践保持一致即可。

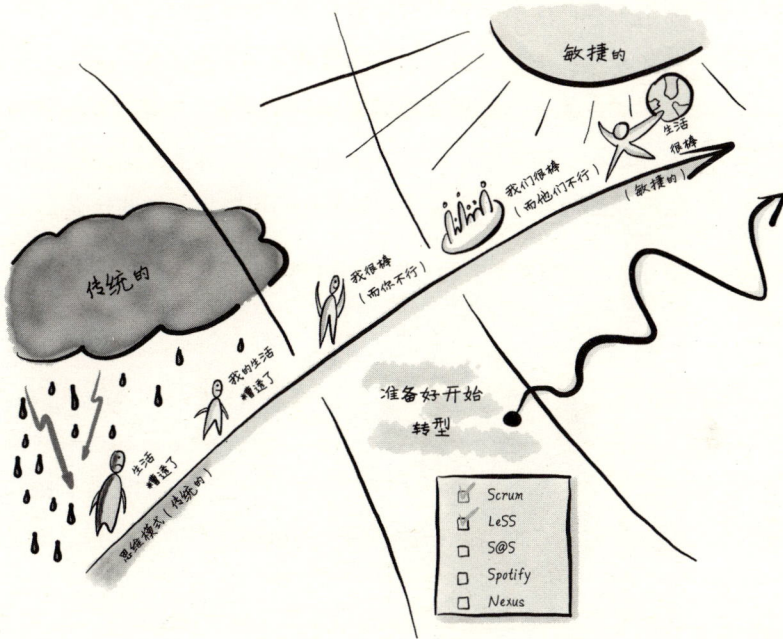

作为一个例子，你可以看到我如何在工作坊环境中使用这个模型，来开始关于不同组织或一个组织的不同部分的对话。将公司映射到部落领导力模型中并不是一个对或错的划分归类，相反，它是一种主观练习，旨在就组织的某些方面展开讨论。例如，你为什么会看到组织处于这个阶段？未来你希望看到它处于哪个阶段？

首先，参与者在一张便利贴上写上自己公司或所在组织的名称，把便利贴放在地图中他们认为主要的部落领导力所在的阶段上（如图 7-1）。有些参与者更喜欢使用符号（比如星号）来代替具体公司名称，因为他们对地图可能被分享给工作坊参与者以外的人感到不安全。然后我们进行讨论，分享故事，听他们说为什么觉得自己公司的主要部落在那个阶段。下一步，他们对其他组织进行头脑风暴，以激发灵感，深化对话。再说一次，这一讨论不是关于这些组织的正确性的，因为无论如何都没有对错之分；这只是一个鼓励讨论关于他们在哪个阶段看到不同环境以及为什么看到的模型。最后一步是想想下一年他们希望看到自己的组织或部门处于哪个阶段，以及他们可以为此做些什么。

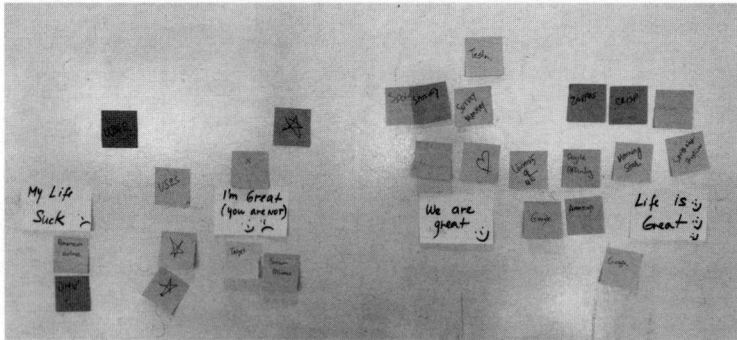

图 7-1   将公司映射到"部落领导力"模型的结果

敏捷小测试

1. 想想你的组织。你的组织（或组织中你所在的部分）的主要部落是什么？

- 生活糟透了
- 我的生活糟透了
- 我很棒（而你不行）
- 我们很棒
- 生活很棒

2. 你期望一年之后你的组织或部门处在哪个部落阶段?

- 生活糟透了

- 我的生活糟透了
- 我很棒（而你不行）
- 我们很棒
- 生活很棒

敏捷笔记　你可以为此做些什么？

当谈到伙伴关系或联盟时，各个部分的部落领导力阶段的不同会产生一种兼容性或错位，可以用来预测这种伙伴关系或联盟的成功概率。想象一下：一个处于"我们很棒"阶段的组织，试图与一个管理层处于"我很棒"阶段而员工大多属于"我的生活糟透了"部落的组织建立业务关系。它们的价值观既不互补也不一致，这样的关系很可能会失败。

　　举个例子，在我所工作的组织中，我们与客户建立了平衡的伙伴关系。在敏捷领域，我们经常讨论客户关系、信任和协作。这听起来很简单。然而，公司和客户的思维模式都需要为这样的伙伴关系做好准备。为了支持这种关系，我们改变了编写合同的方式，以反映伙伴关系的协作。我们的合同没有定义范围或时间线，它只是反映了我们打算一起工作的方式：使用 Scrum、协作、有一份透明的待办事项列表。每一个冲刺我们都会交付价值，我们在冲刺评审中得到关于价值的反馈，如果还需要价值我们就计划一个新的冲刺。没有固定的截止日期；当整体交付价值对客户来说足够好时，我们就停止。在真正的敏捷环境中，我们不需要那么多围绕业务的流程。我们只是把客户视为我们流程中不可分割的一部分，对他们保持透明，进行协作。

　　敏捷与这样的伙伴关系配合得很好。然而，这需要双方都对思维模式的认知有所准备。如果拥有"我很棒"（或更低阶段）思维模式的公司对"我们很棒"的工作方式没有足够的信任，他们就会寻求更多的流程保证、规章制度以及保护机制，而这最终会扼杀任何伙伴关系的精神，并将整体思维模式转向较低一方的（甚至更低的）部落领导力阶段。这就好像双方在说两种不同的语言。一种是寻找假设场景，而另一种是信任协作、反馈和透明，并努力对目标有相同的理解。一方质疑动机，而另一方则相信这个体系并认为所有的法律程序保证都是多余的，相信体系的这一方认为，他们有相同的目标，携手同行，共同实现它吧。

　　当你发现重要的思维模式发生脱节时，你要有耐心，要一步一步地向对方展示有益之处。为组织创建一个安全的试点项目来体验这个项目，并在敏捷之旅中为其提供良好的指引。改变需要时间，改变思维模式需要的时间是改变架构的两倍。

竞争的价值观

　　文化是一个复杂的系统，另一种看待它的方式是关注 4 种相互竞争的价值观之间的关系。相互竞争的价值观框架 [1] 基于对有效组织的主要指标的研究，为敏捷组织提供了一个不同的视角。最重要的相互竞争的价值观有两组，一是当前的内部驱动与未来的外部驱动；二是以灵活为导向与以固定的流程为导向。相互竞争的价值观将导致 4 个不同的文化象限——控制、竞争、协作和创造，它们很自然地延伸到对角线上。我们是协作还是竞争？我们是灵活的，还是更倾向于建立长期的固定系统来运行？在每个组织中，文化都是所有 4 个象限的混合物，但这种混合物的配方总是独一无二的。

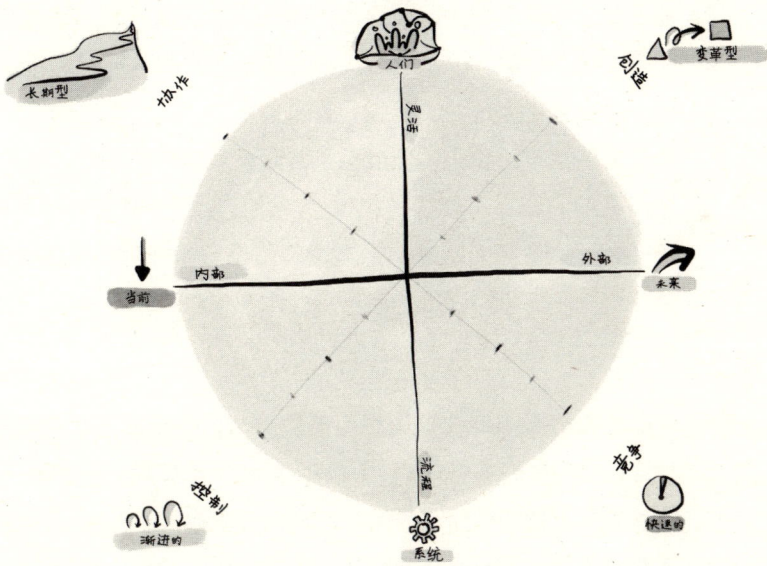

　　非常传统的组织拥有控制和竞争占主导地位的混合文化，而敏捷组织则拥

---

[1] 该框架最初由 R. E. 奎因（R. E. Quinn）和 J. 罗尔博（J. Rohrbaugh）在《有效性标准的空间模型：组织分析的竞争价值观方法》（*A spatial Modal of Effectiveness Criteria: Towards a Competing Values Approach to Organizational Analysis*）中提出。

有主要是创造和协作的混合文化。在乔舒亚·柯林斯基的"现代敏捷"概念中，"令人卓越""试验和快速学习"的原则将组织转移到相互竞争的价值观框架的上面半球中。"我们很棒"文化使组织从竞争走向协作，首先是在团队层面，最终在组织层面协作；而"生活很棒"文化使组织协作更加广泛，并在市场上传播，形成更广泛的伙伴关系和联盟。

中型 IT 公司

　　作为一个例子，让我们来看看我几年前工作过的一家中型 IT 公司，该公司当时正因缺乏灵活性而苦苦挣扎。公司的业务需要高度灵活的跨职能团队，这样的团队需要快速学习。每家客户的环境都很不相同，以至于在关注高端技术优势的同时进行快速学习方面有着巨大压力，我们简直不堪重负。我们无法将员工培养到预期的水平，我们的速度也未能跟上新客户的步伐。我们有一个传统的职能部门架构，其中大多数是层级分明和流程导向的。我们有一些敏捷团队试点，但没有整个组织范围内的敏捷实践。管理层处于竞争和保护的思维模式中，但组织正在协作。创新几乎为零，且局限于技术层面。

　　当我们启动成为敏捷组织的旅程时，我们致力于高灵活性、创造性和整体的业务重点，同时坚持在技术卓越上不妥协。我们的目标是更高的协作，因此我们转向了更高层次的跨职能，转向了跨传统角色的协作。我们决定迈出大胆的一步，释放员工的潜力，通过大力发展创造文化来支持他们的创造力和创新性。这些做法遵循了文化转变的愿景：我们将组织简化成一个非常扁平的架构，只有一个管理级别，以自组织团队为基础；我们扩大了职位范围及职位描述；我们取消了固定的 KPI，改为频繁的同侪反馈和辅导员工成长；我们创建了每个人都可以加入其中并致力于一些创造性想法的创新营地，支持社区和自发式领导力。这段通往理想状态的旅程花了一年多的时间，直到它自给自足，有机地成长和进步才告结束。

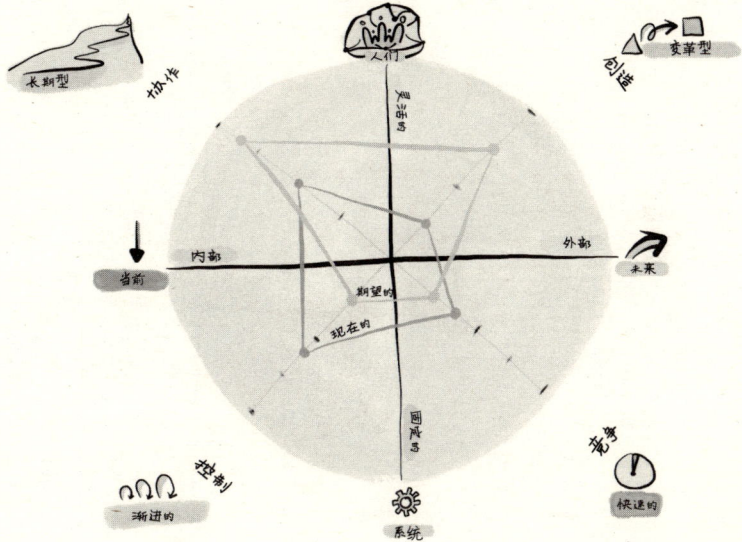

他们的答案

The
Agile
Leader

小型服务性组织

本案例讲述的是一个小型服务性组织的故事。该组织的管理等级森严，有着不良的文化氛围；员工之间相互竞争，大家的主要目标是展示自己比别人强，从而获得晋升。这种情况导致了动力极其低下。许多人离开该组织，客户抱怨该组织交付的工作没给他们带来任何价值，因为内部斗争重于以客户为中心。该组织声称自己是敏捷的，但"敏捷"只是名义上的。

当管理层改变后，其愿景非常大胆：将组织转变为基于自组织跨职能团队的扁平架构。这是一个从控制和竞争到协作和创造的巨大转变。一言以蔽之，目标就是敏捷。强大的愿景和进化意图使转变成为可能，并且对所计划的转变的透明度，以及对员工自愿参与新文化的变革（员工留下并提供帮助，或拿到遣散费后离开），也有帮助作用。

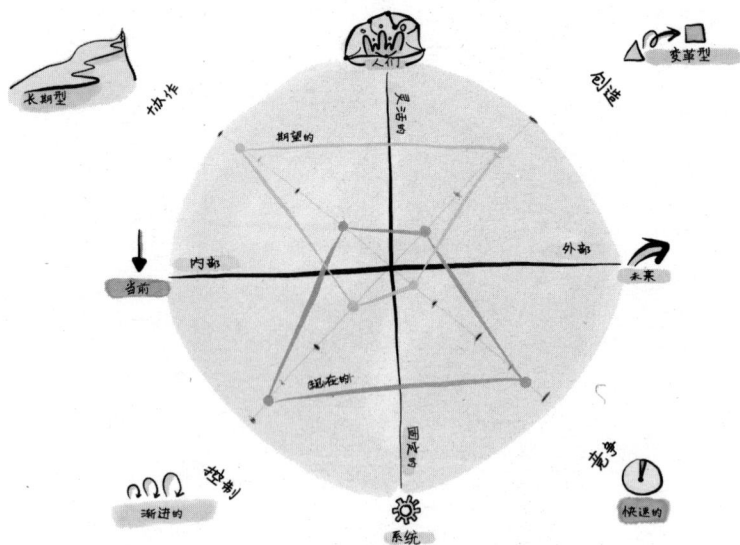

他们的
答案

大型金融公司

这个例子来自我几年前工作过的一家大型金融公司。这个组织不像前面案例中的组织那样强烈地需要改变架构和工作方式。然而，它仍然觉得有必要变得更加敏捷，即更具有创新性、适应性和灵活性。公司觉得需要给员工更多的空间，让流程更灵活，在项目层面更以团队为导向，但它并不打算改变任何以个体为基础的做法或管理架构。

该组织希望更具创造性和创新性，以释放其业务潜力，并将业务扩展到银行业以外。它希望与类似的银行不同，并希望能快速测试原型，从而比竞争对手更快地创建新的服务。这个愿景很能吸引和激励人，使得这个组织得以进行一系列的试验，比如Scrum 试行、建立看板团队和创新实验室等，其中一些想法成功地转化为项目并推向了市场。

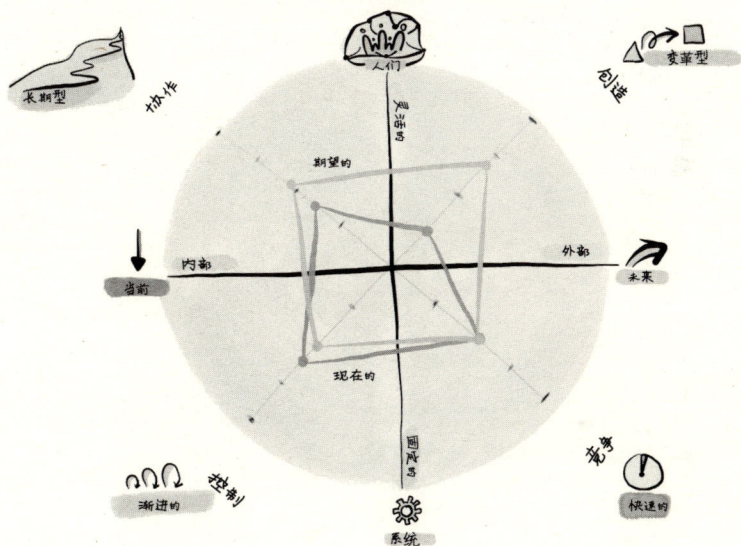

现在你已经看过这些示例，请思考一下你的组织，并在下页的图上绘制出它当前所在的和期望达到的阶段。你现在在哪里？你想去到哪里？

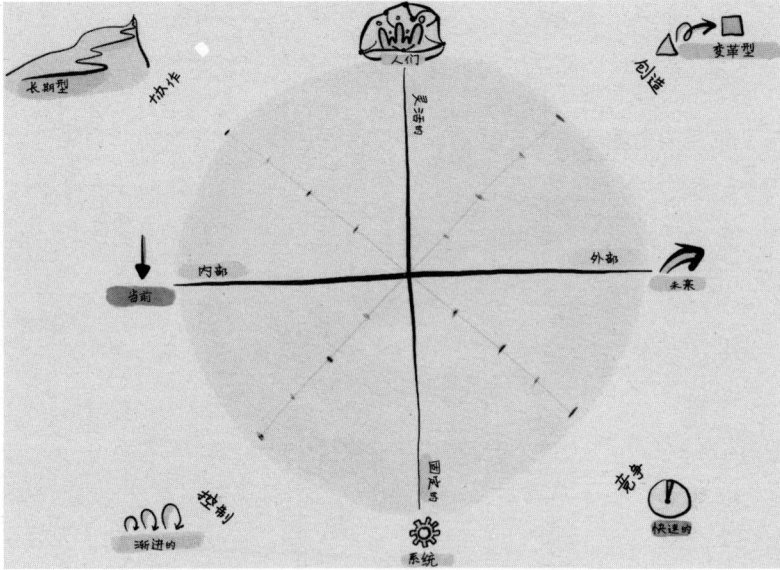

> **敏捷笔记**
>
> 无论你离组织文化的理想状态有多近或多远，请想想你现在可以采取的 3 个接近理想状态的行动。

网络型架构

有些组织没有一个明显的中心。等级制的权力架构并不是组织中唯一存在的架构。尼尔斯·普法雷根认为，有一种建立在人际关系和社会互联之上的社群架构，还有一种价值创造架构。

　　基于权力架构的组织易于理解、易于管理、易于操作，它们简化了决策过程和职责。如果设计得当，它们也可以非常高效。它们最大的缺点是缺乏授权，这通常会导致员工失去动力，使员工与他们应该交付的价值脱节，但更重要的是，它们缺乏应对 VUCA 挑战的灵活性和创造力。

　　传统的组织喜欢避免复杂性，因为它们认为组织应该由一套规则和流程来驱动，并且应该使用线性思维来逐个解决价值交付问题，因此它们试图通过拥有明确的权力架构和假装社群架构不存在或不重要来简化决策过程。诸如甘特图①、关键链方法②之类的工具，以及如 Jira③ 之类的典型的线性问题跟踪系统等，都来自这类组织。

　　如果在你的敏捷之旅中，你降低了等级制权力架构的重要性，组织并不会陷入混乱，因为它仍然可以通过社群和价值创造架构紧密结合在一起，在这种

---

① 用于说明项目进度的条形图，得名于亨利·甘特（Henry Gantt）的名字，他在 1910 年描述了这种图表。
② 艾利·M. 高德拉特（Eliyahu M. Goldratt）在 1997 年描述的基于约束理论的规划方法。
③ 由 Atlassian 公司开发的问题跟踪系统，被软件开发团队推广普及。

情况下，社群架构和价值创造架构变得更加重要。在敏捷组织中，当人们想要施加影响时，他们需要成为为这个问题负责的社团的一员；如果他们想要实现某种价值，他们就需要成为产品团队的一员。敏捷的组织变革是经由彻底的分散决策，以及通过像 V. 格里奇（V. Grgić）说的那样"减少职能、依赖关系、架构复杂性、管理职位、办公场所和人员数量"等使组织架构简化的方式来实现的，例如，就像 LeSS 框架所定义的那样。

敏捷框架的核心通常是加强价值创造架构，并使其成为组织中最重要的部分。我们谈论价值流，要求以客户为中心、以价值为导向，并使用故事地图、影响地图和精益创业方法。无论对价值创造架构的关注有多强烈，它本身是不够的——社群架构同样重要。归根结底，这一切都与思维模式有关。

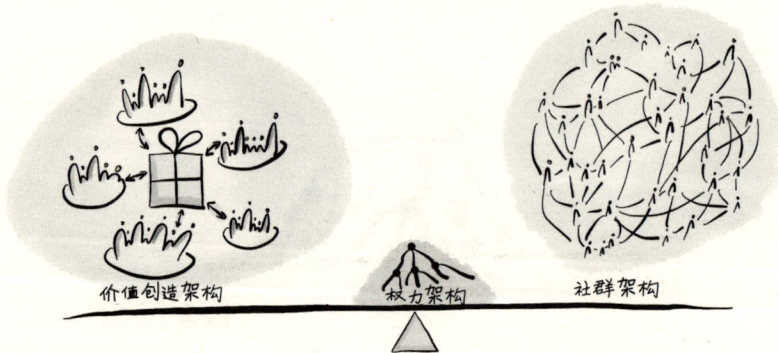

价值创造架构   权力架构   社群架构

聪明 VS. 健康

专注于个体和互动、建立优秀的团队，并创造人们可以自由协作的环境，是组织成功的关键。框架和方法本身是无济于事的，如果没有正确的思维模式，组织无论多么努力尝试都无法成功。这可能是敏捷最困难的部分。不要误会我的意思——工具很方便，因为它们可以帮助你不迷失于日常工作中；框架是有帮助的，因为它们给了你一些界限；流程也是有用的，因为它们在不断变化的世界中给你提供了可预测性和共同点。但是，仅凭它们本身是不够的。为了在敏捷方面取得成功，社群架构也需要得到支持。帕特里克·兰西奥尼在他的著作《优势：组织健康胜过一切》中描述了成功的两个要求：聪明（战略、营销、财务和技术）和健康（最少的钩心斗角、最少的混乱、高昂的士气、高生产率和低离职率）。

"在一个成功的组织中，聪明只是等式的一半。然而，它以某种方式占据了大多数领导者几乎所有的时间、精力和注意力。等式的另一半在很大程度上被忽视了，这一半是关于健康的。"兰西奥尼说。组织在聪明方面花费了太多时间，专注于战略、营销、财务和技术等，因此它们没有能力在关注高昂的士气和高效率生产的同时最大限度地减少钩心斗角、混乱和人员流动。"没有一个领导者（即使是最愤世嫉俗的领导者）会否认，如果他们能够实现健康组织的特性，他们的组织就会发生转变。然而，他们几乎总是倒向于另一边，退回到等式中安全、可度量的'聪明'那一半。"兰西奥尼说。

敏捷问卷

你各花了多少时间在组织的聪明与健康方面？

聪明　　　　　　　　　　　　　　　　　健康

敏捷笔记　你能做些什么来提高对健康的关注度呢？

虽然与个体合作很重要，但它对组织的影响有限。尼尔斯·普法雷根认为，"真正改善整个系统的不是各部分本身，而是各部分之间的相互作用。"而这正是敏捷领导力应该努力去关注的地方。不是关于如何与个体合作的（这是传统管理的领域），而是关于如何与系统、团队以及人们之间的合作。重要的是人与人之间发生的事。从这样的角度来看，组织可以被看作是各个团队构成的一个网络，其中连接线是关注的重点。"你不是来为他们解决问题的，你是来帮助他们理顺关系的，这样他们就可以朝着解决问题的方向努力。"

尽管组织在敏捷领域里看起来有所不同，但它们仍然有某种架构——只是权力架构非常有限，不像在传统组织里那么有影响力。没有确切的模式可循。事实上，这样的例子很多：基于彻底的跨职能团队和自我管理的组织，扁平组织，Spotify 公司以及它的部落、分会和小队，实施合弄制 ① 的组织，以及那些旨在成为蓝绿色组织的组织。有很多选择，但最终，所有的选择都很难实施，因为它们需要对组织进行根本的改变。它们都在试图解决同样的问题：如何在 VUCA 世界中生存，如何具有超强的适应性和灵活性，以及如何处理复杂性和模糊性。对于那些习惯于以年为周期规划项目、预算和目标，习惯于对固定重复的任务进行优化的组织，这些说起来简单而做起来难。

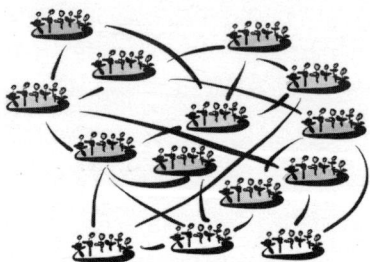

跨职能的和以社团为中心的团队

梅丽莎·博格斯（Mellissa Boggs, Scrum 联盟首席 ScrumMaster）

在 Scrum 联盟，我们发现自己正处于十字路口。当我在 2019 年 1 月就职时，我们的组织并不是以能够仔细倾听或快速行动的方式来建

---

① 由角色来承担工作的管理系统，一项工作被看作一个"角色"，同一个人可以选择承担不同角色，和其他人配合完成工作，按角色分配权力。——编者注

立的。想法常常迷失在等级制度和审批过程的迷宫中。我们的一些团队成员感到压抑，无法创造性地解决问题。我们可以沿着同样的道路走下去并得到同样的结果，或者可以选择重新思考我们的工作方式。

在最近几个月，我们已经将组织重建为跨职能的和以社团为中心的团队，并使其能交付价值。我们扁平化了等级制度，以消除繁文缛节，并与最接近我们社团的人一起做决策。我们作为一个组织全面而深入地接纳了敏捷的价值观和原则。这对整个团队来说是一项艰苦的工作，但这是值得的。慢慢地，我们开始看到我们的劳动成果，其证据就是我们彼此之间以及与客户之间的坦诚对话。在这些对话的基础上，我们已经提高了改变方向的能力。随着新想法的引入和协作的开展，我们在办公室里被笑声和能量所鼓舞着。

我们每天都致力于学习如何实践 Scrum 价值观，为此我们感到自豪，在这样做的过程中，我们迈入了领导敏捷运动的人的行列。根据我们的经验，这是有风险的。我们一直在尝试以前从未尝试过的事情，并在我们原来紧紧抓住的地方放松控制。好消息是，这打开了我们以前从不知道的生活大门，我们很高兴能与你分享我们的经验。我们都处在十字路口。你将会选择哪条路呢？

重塑组织

在敏捷组织领域，弗雷德里克·莱卢（Frederic Laloux）的《重塑组织》（*Reinventing Organizations*）是一本非常受欢迎的书。它用颜色对组织进行分类。它从红色组织开始，这是一个纯粹的"命令和控制"组织，等级、权力和恐惧是关键的产物，人们甚至不会想到要改变方式；接下来是琥珀色组织，这种组织仍然严重依赖于层级结构、流程和正式的角色定义所带来的稳定性和控制力；最后是橙色组织，这是大多数传统组织的所属类型，关注利润、竞争和明确的目标和目的。这三种类别都是传统组织的不同表现形式。它们都依赖层级结构，都期望固定的架构来定义决策过程、职责和要完成的工作。在橙色组织里，我们谈论创新，但创新很少发生，因为组织与其工作方式捆绑得太紧，因此应对新挑战的空间十分有限。

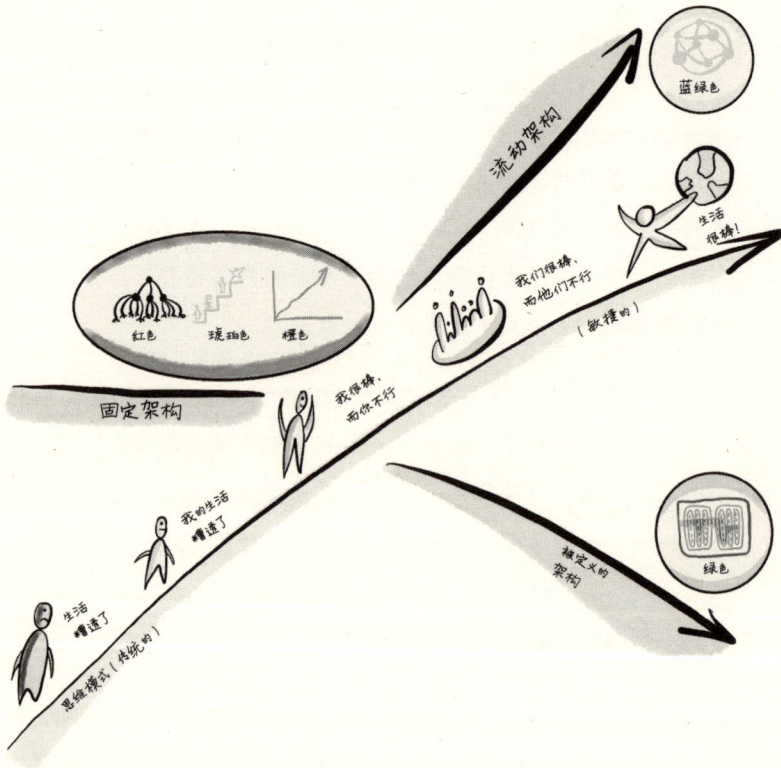

红色、琥珀色和橙色组织的运作通常与大多数人来自"我的生活糟透了""我很棒（而你不行）"部落有关。例如，当管理者们处于"我很棒（而你不行）"部落时，他们的大多数员工自然而然地就会进入"我的生活糟透了"部落。尽管"重塑组织"和"部落领导力"这两个模型存在于不同的维度上，但了解它们如何经常重叠仍然很有用（如图7-2）。

在靠近敏捷的那一端，我们有绿色和蓝绿色组织。它们不再有固定的架构，因为它们已经优化了适应能力。两者最大的区别在于：绿色组织虽然是灵活的，但仍然有被定义的架构，而蓝绿色组织是流动架构。绿色组织关注文化，它们谈论授权、参与和共享价值观。它们也关注取悦客户、平衡不同的利益相关者，并交付价值。具有流动架构的蓝绿色组织，是由更高的进化意图驱动和连接的，这创造了它的整体性和凝聚性。没有意图，蓝绿色组织就会分崩离析，只留下一片混乱。蓝绿色组织建立在自组织和自发式领导力的基础上，因此决策是分布式的。绿色和蓝绿色组织都针对复杂性进行了优化，给予人们更高的自主权，尝试新的方法，并在很大程度上是由业务价值驱动的。

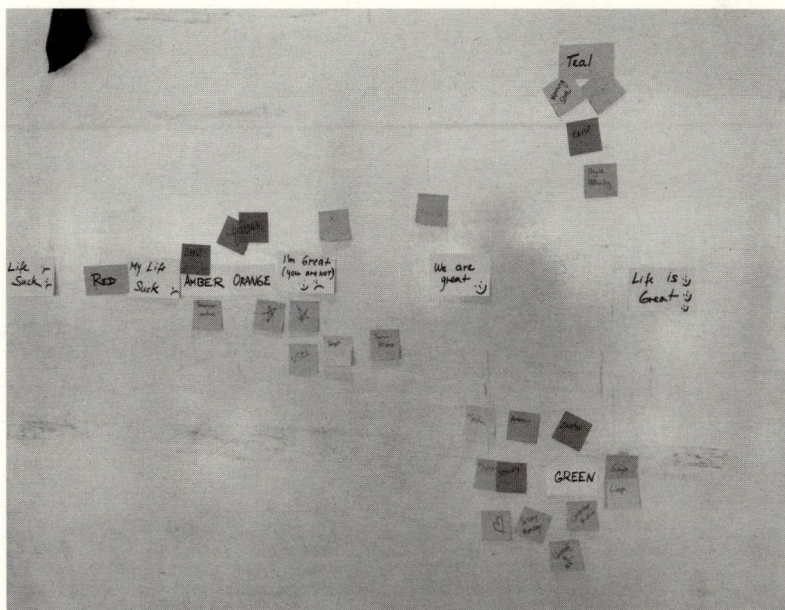

图 7-2　将企业映射到"重塑组织"模型的例子

敏捷问卷

　　想一想，你的组织或部门现在处在哪个阶段？从三个选项中选出最合适的一个。

架构和流程

组织	红色 / 琥珀色 / 橙色	绿色	蓝绿色
架构	固定的层级	被定义的网络	流动的网络
决定薪资的因素	职位等级和业绩	参与导向	机会驱动
信息流	正式的战略会议	透明地共享信息	自由的网络同侪小组

知识和技能

组织	红色 / 琥珀色 / 橙色	绿色	蓝绿色
决策驱动因素	战略、目标和目的	组织价值观	进化意图
领导力	标靶和指令	激励和授权	空间、信任和自主权
员工发展	培训和指导	教练和网络	开放空间（通常超越组织约束）

价值观和文化

组织	红色 / 琥珀色 / 橙色	绿色	蓝绿色
工作取向	结果	团队	社团
氛围和文化	务实和结果驱动的	友好和与社团相关的	开放和创新的
客户关系	战略性的	基于伙伴关系的	协同作用的

想法和感受

组织	红色 / 琥珀色 / 橙色	绿色	蓝绿色
信任	流程和个体技能	共同价值观和社团	自由意志
恐惧	失败	拒绝	将恐惧当成一种提供有用信息的感觉
态度	战略和个体利益	同理心	整体性（全然接纳他人）

　　每一组选项中第一个项目是传统组织（红色、琥珀色、橙色组织）的特征，第二个是绿色组织的特征，最后一个是蓝绿色组织的特征。

组织	红色 / 琥珀色 / 橙色	绿色	蓝绿色

总计数量

评估结果将显示你的组织倾向于哪种类型。

敏捷笔记　你希望你的组织未来属于哪种类型？为了达到这个目标，你可以在组织中做些什么改变？

成为敏捷领导者
The Agile Leader

- 敏捷组织就像地平线上的一颗星星：你永远无法到达，但你可以一步步地靠近它。

- 成为一个敏捷组织并不需要特定的框架。你所需要的就只是在组织的所有级别上实践敏捷性。

- 可持续的敏捷性只能由内而外实现，从改变价值观开始，从内部转变思维模式。

- 在一个运转良好的敏捷组织中，领导力是不分等级的，而是分散的和去中心化的。

- 如果有足够多的人改变了他们的思维方式，文化就会改变，组织就会变成一个敏捷的组织。

- 绿色和蓝绿色组织优化了适应能力，有更高层次的灵活性，更善于应对 VUCA 的挑战。

第二部分

引领组织
走向敏捷

THE
AGILE LEADER

保持开放并有勇气在组织层面
试验敏捷。

第 8 章
打造敏捷的管理团队

保持开放并有勇气在组织层面试验敏捷。

业务敏捷和敏捷组织仍然是非常新的概念。"业务敏捷不是一种特定的方法论，甚至不是一个通用的框架。它是描述组织如何通过体现敏捷思维模式来运作的。"如今，大多数组织都熟悉团队级敏捷。来自不同行业的组织都在试验、实施团队级敏捷并取得了成功。敏捷水平因地区而异，但可以肯定地说，大多数组织在团队级敏捷方面都有一些经验，它们至少在一个试点项目中尝试过敏捷。此外，大多数应届毕业生在离开大学时已对敏捷具有一定程度的理解和经验，这表明团队级敏捷已触及晚期大众 [1]。

一些组织已经在产品级别应用敏捷，端到端地交付价值，并应用各种扩展框架和跨团队协作模型。但我们仍处于早期采用者阶段，达到产品级敏捷的组织还不是很多。然而，有很多成功案例研究已经发表，人们在其中谈论敏捷对

---

[1] "晚期大众"是埃弗里特·M. 罗杰斯（Everett M. Rogers）在 1971 年提出的"创新扩散"理论中的一个概念。

业务的影响，"业务敏捷"这个术语的热度正在迅速蹿升。《业务敏捷报告》[①] 指出，"69% 的受访者开展敏捷旅程的时间未超过 3 年"。

　　敏捷组织是当前的热门话题，毫无疑问，我们仍处于创新者阶段，弗雷德里克·莱卢所谓的绿色组织和蓝绿色组织这些先锋在组织层面实施敏捷已取得惊人的成功。我们谈论在不同前提下运作的不同组织结构和文化。它们都是价值驱动的、以客户为中心的、跨职能的。它们关心人，打造以自组织、自治和去中心化为基础的团队导向的文化。它们改变了人与人共同工作的方式，并投资于不同的领导风格。在这些组织中，所有职能都变得敏捷了，如敏捷财务、敏捷市场营销、敏捷人力资源等。这是一个全新的世界。

敏捷小测试

你所在的组织哪些部分是敏捷的？（如有遗漏，请将它们添加到横线上。）

- 敏捷人力资源
- 敏捷财务
- 敏捷高管团队
- 敏捷董事会
- 敏捷开发
- 敏捷市场营销
- 敏捷销售
- ＿＿＿＿＿＿＿＿＿

---

①《业务敏捷报告》（*Business Agitily Report*）调查了来自 29 个国家、24 个行业、规模从 4 万到 40 万员工的不同组织。这些组织唯一一致的因素是它们都有一个共同的目标：成为敏捷组织。一些组织刚刚开始这一旅程；而另一些组织已经领先了近 10 年。

<table>
<tr><td>敏捷
笔记</td><td>如果组织的所有部分都以敏捷的方式运作，你会看到哪些好处？</td></tr>
</table>

彻底的自组织

帕维尔·布罗津斯基（Pawel Brodzinsk, Lunar Logic 月球逻辑公司首席执行官）

　　人们经常问我，我们是如何设计从一个相对扁平但管理方式传统的组织转变为所谓的"彻底的自组织"的。有趣的是，我们并没有设计什么。Lunar Logic 是一家没有管理者的公司，所有事情对所有员工都是透明的，每个人都可以做决策，哪怕是最重要的决策。例如，任何人都可以规定别人的工资，包括自己的。没有一项权力是单独由首席执行官执掌的。首席执行官可以做的事，每个人都可以做。

　　然而，这是一个偶然的，或者说是自发式的结果。我们最初设计的变化很小，只是在这里那里增加一点透明度，减少由管理者做出的小决策，由受影响的人做出更多决策。事实上，大变化就是持续和一致的小变化的累积。我们不断地在各个领域分配越来越多的自主权。

当然，在许多小步骤中，也有一些大的步骤。其中之一是引入新的工资制度，在这种制度中，工资单是透明的，每个人都可以影响其他人的收入。这一举措是无法撤销的。你无法让人们忘记他们所知道的数据。我们为此准备了 10 个月，解决了一路上遇到的所有问题。

在持续对这种组织模式进行试验仅仅几年后，我开始问这样一个问题：如果我们继续这样做，最终的结果会是什么？直到那时我才想到，从根本上说，在公司生活的方方面面实行自治和自组织，是没有上限的。这一认识改变了我们的想法，从思考我们接下来想要改变什么，转向思考还有哪些决策权需要下放。事实上，这段旅程永远不会结束。即使所有的正式权力都已经被分散开来，我们仍然需要支持每个人去接受和使用它。

当然，这并不像赋予人们更多的自主权那么容易。在这个过程中，我们学到了责任制、一致性、明确的约束和技术卓越的作用。我们不断学习如何在没有管理者的情况下平衡组织运营的各个方面。我们重塑了雇用方式，改变了我们的工作方式，现在，我们正在一起重建我们的战略。

这么做值得吗？完全值得。Lunar Logic 是一家比普通公司更人性化的工作场所，这不仅仅是我的主观看法，我们也可以客观度量改进成果：员工平均在职时间是行业标准的两倍，感知到的敬业度提高了75%，财务业绩飞涨。如果有人一开始就告诉我会发生这种事，我不会相信。

高管层的敏捷

敏捷不能只停留在产品开发团队层面。每一次敏捷转型不仅会改变团队的交付方式，还会在管理层和员工之间造成混乱和隔阂。团队越敏捷，两者的脱节就越大。管理者们感到迷茫、被遗忘，他们开始担心那些自组织的团队最终可能不需要他们。一个问题是，他们自己从来没有加入过任何敏捷或 Scrum 团队。他们看到了团队的工作，参加了评审会，听了团队的故事，但这是不一样的。人们需要切身体验来理解一种不同的工作方式。你可能还记得，当别人告诉你敏捷和 Scrum 的方法很棒时你的第一反应。"什么？"你想，"这种愚蠢的流程永远不会成功！"就我个人而言，我仍然记得几年前接触敏捷时我的感受。我不喜欢它，我根本不是它的支持者。很多人与曾经的我有同样的感受，我相信，曾经帮助到我的方法也同样适用于他们，那就是——亲自去体验。

　　企业在敏捷转型过程中经常忽略的一个重要步骤，是让高层管理人员参与进来。高管们非常需要在敏捷和 Scrum 方面有亲身体验，而不能只是读过几本敏捷的书。如果你真的在认真对待敏捷转型，那么是时候改变你实施敏捷的方式了。它不仅仅是一种由 C 级高管们①决定并在他们没有关注的情况下实施的不同流程，它是文化和思维模式的重大改变，它需

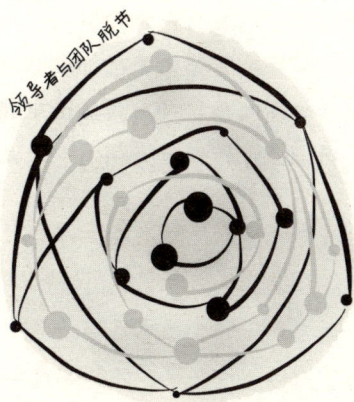

---

① 指的是头衔以 Chief（C）开头，以 Officer（O）结尾的管理者，如公司的首席执行官（CEO）、首席财务官（CFO）、首席运营官（COO）等。——编者注

要我们也从另一侧开始改变，即形成自组织的高管团队。在组织的敏捷之旅中，高管们需要体验敏捷和 Scrum，否则脱节就会越来越大，拥有敏捷思维模式的团队和管理层之间的隔阂不断扩大，直到整个组织变成一台坏掉的洗衣机——在短周期内旋转，却不能交付任何实际成果。

毫无疑问，你需要在每个层级上都有敏捷团队经验。通常，通过角色的设计，团队从一群有着各自目标、没有共同的热情、也没有信任和统一意图的人开始，一步一步地体验到自组织是什么、跨职能是如何工作的，而一旦他们接受了这种工作方式，就能体验到它有多与众不同、有多棒。在高管团队级别应用 Scrum 是一个很好的实践，它可以帮助人们了解业务价值和优先级，学习如何开需求梳理会、计划会、每日站会、评审会和回顾会，就像组织中的其他团队一样。他们开始习惯于定期交付价值、迭代并获得反馈和保持协作。就像第一个试点项目对产品开发团队来说很难一样，这些实践对高管来说也很难，通常会更难；而如果敏捷转型没有强烈的紧迫感和充足的理由，无论是组织还是高管团队，都很难在其敏捷之旅中取得成功。这种实际经验对组织的成功至关重要。

就像其他任何练习一样，万事开头难。大多数管理者在敏捷之旅开始时会说："其他人需要改变，而我不需要。"但我不这么认为。领导者需要先行改变，组织才会跟随。当你第一次体验到真正的团队精神的时候，无论你在公司组织架构图中处于哪个位置，你都不想再走回头路了。在整个组织架构中，所有人的工作方式都是相似的。

如果你准备好了去尝试敏捷，第一步是找一个真正的敏捷教练，而非顾问。找一个能引导你踏上这段旅程的人，一个接纳了这种工作方式并将帮助你克服日常障碍的人，他将引导你走向敏捷而不是代替你采取行动，他不会向你兜售任何简单的成功秘诀。目标不是快速转型到敏捷，而是为了通过这种不同的工作方式获得实际经验。

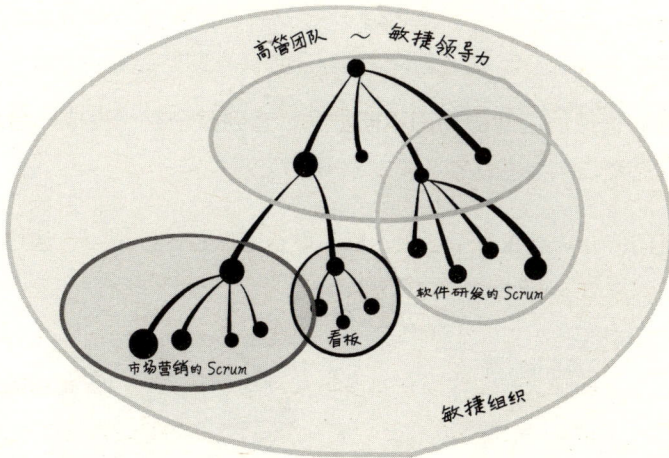

敏捷问卷

　　在从 1 分到 10 分的范围内，你认为你的组织目前的高管团队位于哪个位置？

1	10
一群个体	有共同目标的团队
没有亲自体验过敏捷	以敏捷团队的方式做事
决定采用敏捷然后让团队实施	自己变得敏捷，以帮助组织接纳敏捷

　　位置越靠右，你的组织在敏捷方面获得成功的机会就越大。

敏捷组织中的 CEO

　　坦率地说，寻找具有敏捷思维模式的首席执行官简直是一场噩梦。每个尝试过的人都可以证实这一点。在这个世界上，拥有足够的敏捷经验的首席执行官依然不多，而少数拥有敏捷经验的首席执行官很可能不会去找工作，因为他们通常对目前的组织感到非常满意。所以，无论你选择哪家猎头公司，或者无论你在职位描述中写了什么，猎头公司都不能真正帮助到你。除非你已经在内部培养人才方面预先付出了努力，否则你需要非常幸运才能找到一个对敏捷有基本了解的人。

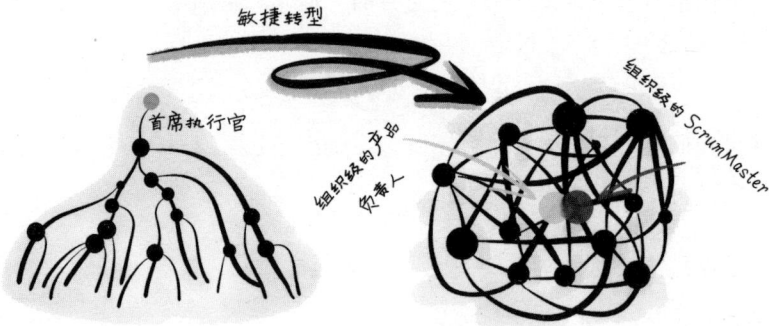

无论你多么拼命地寻找一位合适的首席执行官，这仍然只是一个小障碍。只有当组织中的大多数人都已经具备敏捷思维模式时，才真正需要变革。由于组织已经发生了变化，敏捷不再仅仅是 IT 领域的事，而且由于业务敏捷已在几乎每个部门得到了认可，因此在最高层进行变革的需要是不可避免的。为什么我们一开始只需要一位首席执行官呢？为什么我们不更进一步，改变高层，使其成为整个组织的榜样呢？我们不应该改变我们全部的工作方式吗？高管不应该采用与团队同样的原则吗？逻辑听起来很简单。

这理解起来很容易，但做起来很难，因为需要勇气——敢于说"我们将与众不同，我们将有一名组织级的 ScrumMaster 和一名组织级的产品负责人，而没有首席执行官，因为这与我们在这个组织中的工作方式更接近，更符合我们的价值观，最后但同样重要的是，我们相信这将有助于我们在组织层面上更加灵活和更有适应性"，而这很值得一试。

组织级的 ScrumMaster 专注于正确的文化、思维模式和架构，从而使公司成为具有敏捷性的高绩效、创新型组织。组织级产品负责人从外部关注业务，塑造公司的意图，从而使每个人都知道公司的方向以及为什么是这个方向，并确保组织以业务价值为驱动。这两个角色需要相互尊重，彼此开诚布公，就像在单个 Scrum 团队中的一样，因为他们将共同成为组织级团队和自组织团队网络架构的一部分。在 Scrum 中有两个角色而不是只有一个，这是有原因的。当你问人们是否建议将这两个角色合并时，他们总是回答说这不是个好主意。正是同样的原因，可以说拥有两个不同角色在管理层也是有效的。仔细想想，一个组织级的 ScrumMaster 加一个组织级的产品负责人，比只有一个首席执行官更适合我们的工作方式，因为它支持正确的组织思维方式、透明度和协作，并且与"我们是谁"相一致。

从法律的角度来看，这是完全可能的，而且也并没有太多的工作。你可能需要稍微改变一下规章制度，没有理由不这样做。从招聘的角度来看，事情就简单得多了，因为你无需寻找那种同时能与内部和外部有效互动的超级英雄了。没有什么能阻止你这样做，正如我之前所说，你所需要的只是勇气。而无论如何，这也就是 Scrum 的价值观之一——试验，然后检视和调整。

当团队变得自组织时，组织级 ScrumMaster 和组织级产品负责人最终会让自己变得多余呢？不，不是这样的。这与团队级别是一样的。即使团队是自组织的，并且非常了解业务，ScrumMaster 和产品负责人仍然有工作要做。同样，在组织级别，即使协作团队网络变得自组织、以业务价值为驱动和以客户为中心了，仍然需要组织级的 ScrumMaster 和组织级的产品负责人。组织级的 ScrumMaster 和组织级的产品负责人将使用"领导者—领导者"风格来帮助他们周围的其他领导者成长，并且在适当的时候，组织将成为意图驱动型的，具有自发式领导力的流动的组织结构。就像在 Scrum 团队中一样，组织级 ScrumMaster 和组织级产品负责人将从解释、讲述和分享，发展到教练、引导和保持系统运转。这就是敏捷领导力的意义所在。

他们的 ——
答案
The
Agile
Leader

Scrum 联盟在近一年的时间里一直在寻找一位具有敏捷思维模式的首席执行官，那感觉就像是永无止境的一样。那是一段漫长的旅程，没有人能够达到"改变工作的世界"的目标和建立"可持续的敏捷"。所有传统的高管都缺乏对敏捷思维模式的深刻理解，而所有的敏捷人士又都缺乏高管经验。最后，在组织层面应用 Scrum 的想法改变了游戏规则。通过设置组织级 ScrumMaster 和组织级产品负责人来代替一名首席执行官，整个高管团队以及整个组织都变得扁平化。人们总是问敏捷能带来什么改变，但在这个案例中，结果几乎是立竿见影的。组织转变为几个以客户为中心、跨职能、自组织的团队，并几乎立即开始交付价值。重点转向寻找联盟而不是竞争，我们再次成为敏捷领域的思想领袖。这是一个大胆的试验，它改变了整个组织的运作方式和结构。到目前为止，一切顺利。践行你的价值观，总会得到回报。

The Agile Leader

到目前为止，作为产品负责人，我和 ScrumMaster 共同领导 Scrum 联盟的旅程非常棒。现在我无法想象，如果没有一个联合领导者一起来做这项工作会怎么样。我们俩都专注于各自独特的领域（我负责外部客户和战略，梅丽莎·博格斯负责内部团队建设和组织战略结构），可以真正发挥各自的优势。我不需要成为所有人的一切，因为我俩共同扮演了传统首席执行官的角色。

——霍华德·萨布利特（Howard Sublett，Scrum 联盟首席产品负责人）

敏捷董事会

你是否疑惑为什么你应该敏捷而你的董事会却不敏捷？董事会没有理由不

成为一个敏捷团队。然而，对于正在考虑采用新工作方式的各个级别的人来说，改变是可怕的。大多数董事会成员来自传统公司，没有敏捷经验。治理很重要，但在常规治理结构下，委员会每季度向董事会提交一份报告，并不能让董事会成员做好应对挑战的准备。首先，让我们先概述一下任何敏捷实体都需要什么：透明、信任、尊重、协作等敏捷价值观，以及对意图的共同理解，以便人们拥有相同的目标。敏捷的理念是成为一个优秀的团队，而不仅仅是一群个体的集合。但是在这个层级上，彻底的透明、获得反馈和协作应用起来通常非常困难。并不是说这没有用，但并不容易。其次，董事会必须与组织保持一致。如果敏捷停留在董事会层面，会在组织与治理之间产生鸿沟，整个组织都会陷入困境。最后，敏捷董事会不仅仅是治理机构——敏捷董事会创建了具有归属感的意图驱动型组织，这会大大加速组织的成功。敏捷董事会在关键战略计划上与组织的其他部分合作至关重要，如果你仔细想想就会发现，这与通过首席执行官一个人来过滤所有上报给董事会的信息和下达董事会的指令之间的差异还很大。敏捷董事会的重点是 3 个原则：团队、灵活性和战略。

团队高于个体和层级结构

传统组织由稳定的部门和个体组成，而敏捷组织则是围绕着意图而建立社团。在内部，通常有一个流动性很强的架构来在我们这个复杂的世界里保持适应性和战略重点。它以团队为关键的构建单元，并形成团队协作网络。同样，董事会是一个有统一目标的团队。即使内部有委员会架构，每个委员会也都是一个协作团队，且所有委员会主席和董事会主席更像是小组的引导者而不是管理者。董事会作为一个团队只是整体的一小部分。在 Scrum 中，我们使用"团队中的团队"这一概念——开发团队是 Scrum 团队中的一部分，一旦规模扩大，开发团队就是产品团队的一部分；而产品团队则是整个组织的一部分，又作为一个团队或协作网络来工作；所有这些部分之所以凝聚在一个组织里，仅仅因为一个强大的意图和一个共同的目标。就像董事会与首席执行官组成一个协作团队一样，董事会和首席执行官将与管理层形成团队，并最终与整个组织形成一个团队架构。太多的层级架构扼杀了协作思维和团队精神。在大多数组织中，总会有一些层级架构，但也许工作方式可以不由层级架构驱动，而由以彻底的透明度为先决条件的共同意图和协作来驱动。

灵活性高于固定计划和预算

我们通过协作对变化做出的响应越多，组织对适应性的需求就越高。超越预算研究所（Beyond Budgeting Institute）在文章中指出，敏捷组织正在从年度固定预算转向超越预算原则，转向以意图为驱动的持续计划，而不是自上而下的年度固定目标和计划。你将看到更多由志愿者组成的虚拟团队而不是固定的部门，并且，在董事会层面，会有更加透明和协作的委员会。人们围绕共同的事业而不是固定的计划进行分组，同时，制订计划本身变成了一个持续的包容性过程，而不是自上而下的年度活动。当任何人对活动的意图有什么要补充时，他都应该被邀请加入，团队应当保持透明、包容、开放。你所需要的只是一个带有定期反馈的迭代流程，以及一个检视和调整的机会。

战略高于运营

一个好的董事会应该将 80% 的精力放在战略和重大业务问题上，只将 20% 的精力放在做报告上。这不是什么新东西，对吧？这与我们在敏捷产品主人翁意识中经常使用的旧规则"80/20"相同。敏捷董事会正在经历一次重大变革，调整关注重点，将重点放在战略而非运营上。不要误会我的意思，治理很重要，正如《软件开发的敏捷宣言》中所指出的流程的重要性[1]一样："虽然右列项目有其价值，但我们更重视左列项目的价值。"[2]这话同样适用于此。报告是透明的一部分——一个几乎不必要的部分，因为透明让每个人都可以随时获得所有信息。董事会无需开会即可获得状态报告。他们应该讨论战略、相互

---

[1]《软件开发的敏捷宣言》包含了我们看重的 4 个原则，其中第一个原则是"个体和交互胜过流程和工具"。
[2] 右列项目指流程和工具，左列项目指个体和交互。——编者注

了解、进行创造性对话和有远见的会议，并给出反馈。董事会应该经常开会，每一个月或两个月（这是他们的冲刺时间）开一次，并且应该重视两次会议之间的沟通和工作内容。不需要做报告——所有文件都应该是可见的，所以会议是为了讨论战略方向才召开的。与在产品环境中一样，较短的冲刺时间会产生更好的理解、反馈和更高的交付价值。最后请记住，架构和计划越不固定，就越需要好的引导，因为没有引导，你可能会陷入混乱。

从产出到成果：一个董事会的业务敏捷之旅

桑德拉·戴维（Sandra Davey, CHOICE 组织董事会主席）

在我担任专业董事的公司董事会中，我们从未决定"走向敏捷"或进行"敏捷转型"。那不是我们的语言、计划和意向。它发生得很慢，有很多诱因，其中之一是董事会与组织中的人的思考和反应方式之间存在脱节。员工以敏捷的方式工作；董事会的直接感受是看到员工的关注点从产出转向了成果。我们的员工正在围绕着成果或目标团结起来，以实现他们想要的变革，而那时我们面临的挑战是，提交给董事会的信息并没有反映出这一根本性变化。

在组织如何规划和分配资源方面，出现了脱节。董事会还在围绕以传统商业计划的形式呈现的信息和材料运作，那一年里有 65 个项目计划，充满了产出、功能特性和日期（如何和何时），而团队已经开始转向于围绕目标和成果（为什么和是什么）的集体协作。

举一个典型的例子。在董事会的文件中，商业计划的一个项目描述如下："到第四季度，推出一款帮助澳大利亚公民选择最好的健康保险计划的移动 App。"这种类型的信息鼓励董事会进入"告诉"或"指示"模式，而团队很快就会被诸如"何时提供健康保险比较 App"之类的问题带进仔细检查细节的烦扰中。董事会的贡献不应该体现在运营细节中，而需要更具有战略性。在与领导团队达成一致后，董事会开始使用 OKR 框架，将我们从详细的"基于产出的方式和时间要求"的对话中解放出来，转而围绕成果进行更具战略性的讨论。董事会不要求团队在第四季度之前开发一款用于健康保险比较的移动 App，而是专注于讨论影响澳大利亚消费者的重大问题。我们不再要求一个"东西"，而是开始描述问题：我们如何才能让澳大利亚人找到最符合他们需求的健康保险计划？对成果、目标和问题的描述将董事会从不必要的细节中解放出来，只留给组织一件事，即找出达到目标的最佳方式和达到的时间。

OKR 帮助我们描述成果而不是产出。它们帮助我们将成果描述为激励人心的目标，让员工和团队来描述关键的结果或成功可能是什么样子。董事会文件中不再有详细的商业计划，取而代之的是组织内的团队可以关注的 3～4 个关键 OKR。这些 OKR 是给全公司的，因此可以将董事会置于战略层面，而将战术操作的细节留给组织。OKR 从根本上提高了董事会会议的谈话质量，让我们专注于战略成果，更重要的是解放了员工和团队，让他们去找到实现目标的最佳路径。

成为敏捷领导者
The Agile Leader

- 在敏捷组织中，所有职能都变得敏捷了：敏捷财务、敏捷市场营销、敏捷人力资源等。这是一个全新的世界。

- 为了让敏捷取得成功，你需要在各个层级（包括高管和董事会）中都使用新的工作方式以积累经验。

- 与传统的首席执行官角色相比，敏捷组织在组织级 ScrumMaster 和组织级产品负责人角色的联合领导下工作得更好。

第 9 章
构建敏捷的企业文化

　　组织越倾向于敏捷，就越需要重新设计内部工作方式。本章将介绍重新设计内部工作方式对组织的人力资源部门（诸如招聘员工、制订发展规划和职业路径等）和财务部门（诸如预算编制和财务报告等）的一些影响。

　　让我们来看看敏捷组织中人力资源的不同职能，并解释人力资源需要为支持组织敏捷而做出的根本性转变。

　　敏捷人力资源将敏捷组织的关注点转移到员工的整体体验上；它支持文化转变，选择以员工为中心的方法，而不是扮演传统人力资源部门的典型治理角色。敏捷人力资源负责在组织中提升敏捷价值观并培养敏捷协作文化。要做到这一点，人力资源部门需要获得员工的信任，将员工作为人力资源关注的中心，提升员工的整体体验，并使其自身变得敏捷。人力资源部门的工作者需要成为仆人型领导者，他们非常关心使人们变得卓越，这样人们才能为整个组织交付价值，才敢于试验和尝试新的做法，并把安全作为前提条件。

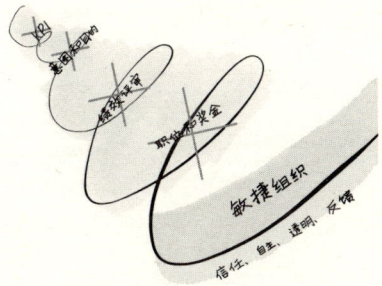

敏捷人力资源将关注点转移到员工的整体体验上。

支持文化的转变

为了形象描绘敏捷组织中典型实践如何与期望的文化转变保持一致，我经常使用相互竞争的价值观框架，因为它很好地展示了从控制和竞争文化向创造和协作文化的转变。这是一个非常有深度并且有趣的练习，它把一切都放到了语境之中，因为所有与人力资源相关的实践都与文化有关。

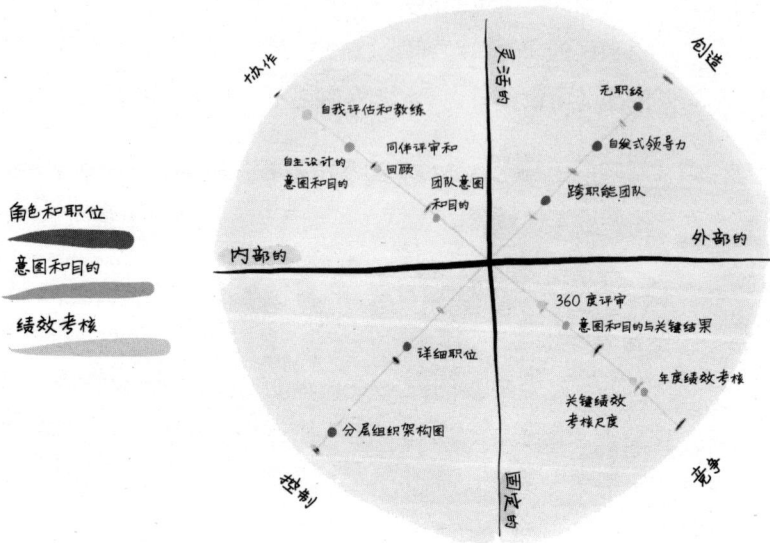

敏捷是一段旅程，表现为从当前的文化到期望的文化状态的转变。如果你当前的文化主要体现在"控制"象限中，那么转变为一个无职级的组织可能要跨出非常大的一步，因而很难一步到位。同样，从个人的关键绩效指标转变到自我评估和教练，跨度也可能太大。另一方面，当你拥有一个基于自组织和跨职能团队的敏捷组织时，无论是个人关键绩效指标还是目标和关键结果，都不会对你的旅程有帮助。

敏捷人力资源实践需要与文化保持一致。

换句话说，每项实践都有其适用的时间范围。如果你太早应用它，只会制造混乱和失败；而如果你太晚应用它，人们会因无用的流程而感到沮丧和失去动力，你会拖慢整个敏捷之旅。

招聘

在敏捷组织中，知识和技能不再是我们所要寻找的关键因素。敏捷组织建立在协作的基础上，它鼓励创新，并且需要高度的灵活性。过去的经验也仅在一定程度上适用。更重要的是要有一种开放的心态，能够学习新东西，并与他人合作处理复杂性和不可预测性，而不是成为一名在专业领域很深入但范围狭窄的专家。如果你不这么认为，那就想想你自己和你同事的职业生涯。你们当中有多少人仍在同一个专业领域内工作？大多数人不止一次地改变了自己的职业。现在比以往任何时候都更需要这样的改变。考虑到这一点，你还会在意聘请某一特定领域的专家吗？你不会的，因为他们会形成筒仓并阻止你的组织改变业务方向。敏捷组织需要准备好去学习、检视和调整的人，需要勇于承担责任、勇于试验的人。他们不会拘泥于一种工作方式，不会因为"我们一直都是这样做的"而墨守成规，而是准备好根据业务的需要而改变自己的工作方式。

技能比思维模式更容易学习。

　　T. L. 弗里德曼（T. L. Friedman）在文章中提到的谷歌是使用这种方法的一个很好的范例。

> 　　如果是技术角色，我们会评估你的编码能力，而公司中一半的角色都是技术角色。然而，对于每一份工作，我们最看重的是广域认知能力，而不是智商。它是学习能力，是动态处理的能力，是将不同的信息组合在一起的能力。我们用结构化行为访谈来评估这一能力，我们验证过该方法以确保它是具有预测性的……
>
> 　　我们关心的是，当遇到问题时，并且你是团队的一员，你是否会在适当的时候介入并发挥领导作用……
>
> 　　这是一种责任感，一种主人翁意识。

　　仔细想想，基于技能和经验来写一个敏捷的职位描述是非常困难的，因为这些技能和经验很快就会变得无关紧要。作为替代，空缺职位的新招聘广告可能会这样说：

> 　　我们正在寻找一位热情、灵活且思想开放的人，他愿意承担责任并与他人合作以实现价值。我们是一个以团队为导向的扁平化组织，它将支持你的个人成长。请来我们团队体验一天我们的文化。只要我们共同努力，我们就能实现愿景。

　　与传统的职位描述很不一样吧？但是当你想尝试时，你会意识到招聘公司尚未准备好支持这些需求。应聘者可能会问这样的问题，例如"候选人需要多少年的 Java 经验""你招聘的职位描述是什么""你是在寻找开发人员还是在寻找新的首席执行官"等。这是相当不匹配的。我从工作过的一家公司了解到，对于大多数团队职位来说，招聘应届毕业生是最容易的。他们很灵活，有有趣的想法，并且渴望学习新事物。我们所要做的就是创建一种基于结对子和团队合作的学习环境，让他们可以快速上手。我们意识到，学习比改掉旧习惯更容易，因此在大多数情况下，培训新入行的应届毕业生比聘用具有个人习惯的资深员工更容易，资深员工的那些习惯对团队环境可能有害无益。对于所有相信多年经验很重要并应该带来更高薪水的人来说，这是一个难以接受的信息。如果你是为政府工作，情况也许是这样，但在敏捷领域则不一定，因为敏捷公司的招聘人员可能根本不在乎你有多年的传统公司经验。

但遗憾的是，我在高端猎头公司也有过类似的经历，无论该猎头公司的名气有多响，他们通常不知道敏捷是什么，因此他们对评估候选人或寻找相关人员没有帮助。如果你开始寻找具有高管经验和敏捷思维的领导者，你很快就会意识到很难找到这样的人。大多数高管都有作为传统层级组织的指令型管理者的习惯，因此从组织中培养领导者比从外部聘请更容易。

如果不能衡量经验和技能，也不能计算工作年限，那么你怎么知道这个人是不是合适的人选呢？这与其他任何一段关系一样：开始"约会"。招聘是指你去获得个人经验信息并开始与候选人建立关系，以便让双方有机会确定彼此在文化层面是否兼容。你不会根据某人自己写的或说的内容开始一段恋爱，你俩能在一起是因为你们双方都是这样的人。招聘也是类似的——心态和文化很难改变，而技能则是可以学习的。

The Agile Leader

招聘更多的是建立关系而不是评估技能。

意图—文化—敬业度

翁德雷·贝奈斯（Ondrej Benes, T-Mobile 主管）

通过我们的试验，我们了解到，从中长期来看，无论招聘什么岗位，多甄选一些人都是值得的。最好的办法可能是假装我们将要建立一个新的团队。但这是一场经典的在交付压力下永无止境的时间与质量之战。而在没有内部劳动力市场的情况下，即使重新雇用数十名内部同事也需要数周时间。只有在试验之后我们才意识到，我们没能在不影响质量和敬业度的情况下制造所需的空间。明确意图，根据与文化的契合度、对意图的认同感来招聘和解雇员工——感谢 Zappos 公司的朋友们，感谢你们的这些经验教训！创造意图—文化—敬业度是关键。

面试流程

一旦我们改变了我们要找的人，我们也需要改变面试流程。 由于传统的简历着眼于有多少年经验和硬技能，因此它们不是很有用。公司可以在这上面发挥创意，可以要求应聘者写一篇关于本公司为什么应该雇用他们的文章、制作一个关于这个主题的短视频、设计漫画来向公司展示他们对该工作的想象（如图 9-1），或者写一篇关于聘用他们担任该职务的公司新闻稿。你会惊讶于人们创造的惊人事物，惊叹于你能从这些作品中了解到候选人的多少信息。

一旦获得了候选人的基本信息，公司就会设法缩短流程并在一两天内发出录用通知。漫长的流程往往会令人沮丧，优秀的候选人通常不会等到你完成多轮面试就去其他地方工作了。一种好的做法是进行行为访谈和模拟场景，看看候选人会如何反应。它比任何硬技能测试都能告诉你更多关于候选人的信息。

图 9-1　克塞尼娅·克雷曼（Kseniya Kreyman）设计的 ScrumMaster 应聘漫画

敏捷公司依赖于团队面试。运作良好的团队会在关注多样性的同时找到适合组织的人选，还会让候选人更好地了解公司是什么样的，以及他们在工作中可能会遇到什么样的挑战。另一种常见的做法是与候选人共同进餐，让双方能够在不太正式的环境下谈论公司和候选人的期望。非正式对话对于彼此了解至关重要。最后，公司通常会邀请候选人在组织里度过一天。这对双方来说都是一次很棒的经历。

他们的答案
The Agile Leader

一个有趣的练习可以帮助你提高对不同人力资源的实践，以及它们与当前的和所需的文化的一致性的认识，这个练习就是举办一次工作坊，将实践与相互竞争的价值观地图进行映射。(如图 9-2)

首先，你需要为你想讨论的每一类人力资源实践（例如招聘、职位和职业生涯、奖励、绩效考核等）制作一张海报，并解释相互竞争的价值观框架。理想情况下，定义当前的和期望的文化的工作坊应该提前举办，因为它有助于人们内化这个概念。

然后，参与者进行头脑风暴，讨论所有的实践、流程和工具，包括组织正在使用的和可以在未来使用的，并将它们映射到图中。

总之，一切都与对话有关，因此人们应该讨论各种选择，以及它们与所期望的文化转型之间的相关性。

最后，你可能有几个选择需要尝试或者做进一步调查，以确定它们是符合所期望的文化变革还是与之背道而驰，以及是否需要与更大的群体做进一步讨论。没有必要当场做出决定。这个工作坊非常有助于提高人们对地图中创造和协作两个维度保持高水平运转的认识。它可能无法解决所有问题，但它肯定会催生灵感和新的想法。

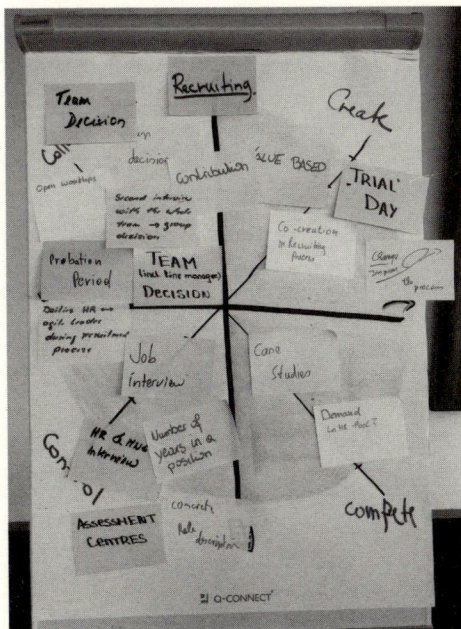

图 9-2 将招聘实践映射在相互竞争的价值观地图上的示例

为每个人创造一个愿景

一旦你为团队雇用了合适的人，就应该开始考虑评估和绩效考核了。在传统组织中，这非常简单。每个员工都被分配了任务，每个任务都可以进行评估并与特定的关键绩效指标相关联。在敏捷组织中，事情并没有那么简单，因为多人协作完成同一任务，并且如果你尝试在年初设置一些关键绩效指标，它们大多数在过程中就变得无关紧要了，那么到了年底就没有什么东西可评估了。

在敏捷环境中可使用的最简单的做法，是设置团队目标以取代个人目标。虽然目标在这一年内过时的风险仍然存在，但至少可以支持团队协作文化。更好一点的选择是打破年度节奏，制订更短期的目标。毕竟，当我们做到定期交

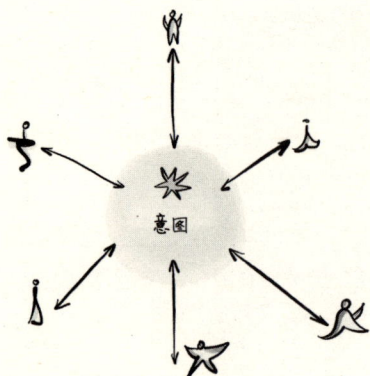

付产品时，年度节奏就没有什么神奇之处了。

一个好的做法是让团队设计自己的目标。J. 惠特默（J. Whitmore）在其著作《高绩效教练》(Coaching for Performance) 中写道："研究表明，如果目标是由应该实现目标的人设定的，那么目标不仅更有可能实现，而且目标本身实际上也会被设定得更高。"为了让目标发挥作用，你需要高度的信任和每个人都能理解的清晰的共享愿景——进化意图，它可以帮助你定义组织的不同部门可以关注的领域。当我们在公司开始敏捷之旅时，我们需要增强团队精神并实现团队协作，所以关注领域是由这样一个问题来定义的：上个季度我做了什么来帮助团队？目标本身是不可度量的，因此组织不是通过级联目标来将目标强加给人们，而是通过选择关注领域来影响方向。正如惠特默所说："总体意图不是去命令和控制，而是去为每个个体创造一个愿景，从而使他们当前的关注点与当前的战略保持一致。"

为成长而教练

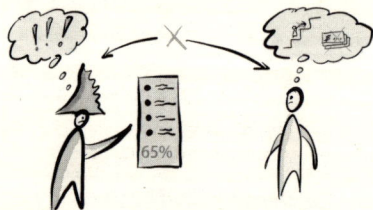

朝着更敏捷的工作方式迈进的很好的一步，是用关注员工发展的教练对话来取代绩效评估。与所有的教练安排一样，其关注点不在教练一方，而在被教练的人一方（在这里是员工），而重点应该在于提高员工对自己以及自身能力和潜力的认知。重点也不在于评估，因为评估无论如何都不会激励人；重点在于帮助人们根据组织当前的需要去成长。

从组织的角度来看，你只需要决定哪些胜任力对实现组织愿景和战略目标是重要的，哪些胜任力对支持跨职能团队的 T 型技能 [①] 是关键的。随着时间的推移，这些胜任力可能会发生变化，有些可能会被淘汰，而新的胜任力会出现。但是变化在敏捷中并不是什么新鲜事，对吧？如果你想强调在技能之上的思维模式的转变，你也可以讨论胜任力并同时讨论价值观。你们可以共创自己的价值观，或者使用先前已存在的描述敏捷思维的价值观，例如 Scrum 的 5 种价值观——勇气、承诺、专注、开放和尊重。你可以像使用胜任力一样使用它们。换句话说，员工会对胜任力和价值观进行自我评估，选择一些他们做得好或优秀的，以及一些他们希望做得更好的，教练对话将帮助他们更好地认识自己的能力、局限性和梦想。你也可以就所选定的胜任力和价值观向你的同事和团队寻求反馈和支持，这样可以通过整合不同的视角来帮助人们提高，从而为整个过程提供支持。这个过程是关于成长的。员工应该问自己：哪些能力是我仍在学习并需要帮助才能成长的？哪些能力是我所擅长，能让我在工作中充分发挥作用的？我擅长哪些可以指导他人的能力？每个类别中的项目数量是有限的，因为敏捷的价值观之一是专注；你不可能同时学习太多的东西，也不可能在顶级层面上积极地指导太多胜任力不同的人。

他们的答案

The Agile Leader

在我的公司里，我们每个季度都有教练谈话，用来考察组织所需能力的不同方面。在我们的敏捷组织转型之初，我们考察了四个象限：技术能力、客户沟通、人际能力和语言。这是一个巨大的转变，因为在此之前，绩效考核都是关于技术能力，以及员

---

① T 型技能是敏捷团队中使用的一个比喻，即敏捷团队中的每个人都对自己专业领域中的一项技能（字母 T 的垂直线）有深入的掌握，同时对团队中使用的其他技能（字母 T 的水平线）也有宽泛的了解。

工是否完成了分配给他们的任务。向敏捷的转变改变了关注重点。我们解释说，如果你没有按照团队的期望工作，我们将在回顾会上设法讨论如何解决这个问题，并帮助你学习。我们只把谈话的重点放在关注人的发展方面。我们对于每个领域都使用了一份简单的教练量表，员工对自己的技能进行从 1 分到 10 分的评分，1 分表示"我不具备该项技能"，10 分表示"我很棒"。所有这些度量都是相对于环境和其他人的，与分数的绝对值无关，更多的是希望员工考虑这样一些问题：如果我的评分提高一两分，我能做什么？它会带来什么不同，我会有什么能力？该能力能让我做什么？总的来说，我们是根据惠特默的 GROW 模型来提出教练问题的。

如果做得好，教练可以使人们的表现突飞猛进。但是，没有多少管理者是好教练，这是大多数组织的一个局限。这个重要的需求，可以很容易地通过敏捷人力资源来解决——发展跨团队的教练和引导技术可以对组织的成功产生巨大的影响，比任何硬技能的影响都要大。

回顾和同侪反馈

如果你已准备好去实现真正的敏捷，你可以定期和频繁地进行回顾，而不是采用任何形式的绩效评估。再加上彻底的透明，这将为朝向冲刺目标、产品愿景和整个组织意图的绩效表现提供足够清晰的信息，让人们可以以非常有效的方式来进行调整，简单而强大。事实上，你不仅可以进行团队回顾，从同伴那里获得强有力的反馈，还可以进行多团队级别的"整体回顾"，例如像在LeSS 中设计的那样，也可以由敏捷人力资源引导一个组织进行回顾，例如以世界咖啡馆或开放空间的形式。这些实践加在一起，将使员工参与解决团队、跨团队和组织的问题，并增加他们想出创造性和创新方法的动力，以便更好地交付价值和实现组织意图。

The Agile Leader

我们重视定期的同侪反馈，这种反馈关注个人发展胜过关注评估。

这种频繁的回顾节奏提供了定期的反馈，使得团队可以在日常基础上进行快速改变和小幅改进，防止了传统绩效评估所带来的大失所望和意外情况，而这些往往会导致动力减小和压力增大。在问题变得太大、损害团队或部门之前，问题能更快地解决。人们可以尽早得到帮助，最好是从同侪那里得到帮助，以解决这些问题。如果透明和信任的文化还没有盛行，你可能还没有为明天的变革做好准备，但你可以一步一步地去做，直到关键绩效指标、绩效考核和正式评估消失，频繁的反馈、检查和调整成为常规的工作方式。

到这一阶段，我们通常就停止使用敏捷人力资源的名称了，改称人才发展，而人力资源的整个重点也将改变，以支持员工的整体旅程和成长为重。可以从两个想法开始去做，一是支持教练和指导计划，二是为有效的同侪反馈创造环境（如图 9-3）。

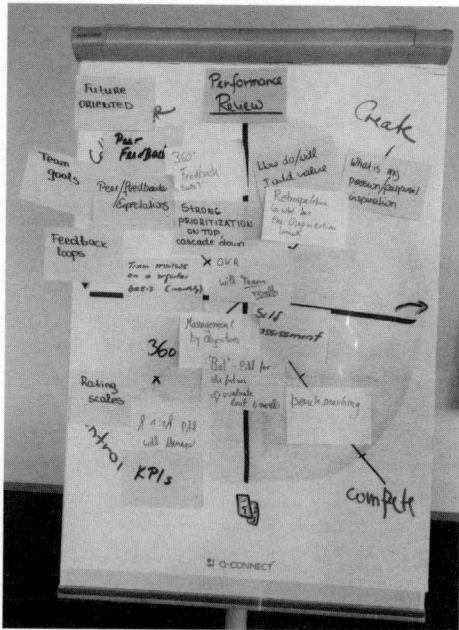

图 9-3　将绩效考核映射在相互竞争的价值观地图上的示例

职业路径和薪酬

　　现在让我们来看看职位、职业路径和薪酬。正如我在前面提到的，职位在敏捷组织中并不那么重要，因为人们进行协作、接管责任，并在需要时成为领导者——而不是因为他们的工作描述让他们去担任领导。在传统的组织中，一切都与职位有关。我们招聘是为了填补空缺职位；我们规定人们做什么、不做什么；既定的层级结构向员工展示，如果他们得到良好的评估和晋升，他们可能会扮演什么角色。职位决定了工资的范围。一旦你不再将人们当作个体来对待，并创造出团队环境让人们根据自己的技能和能力自行组织自己的工作并进行协作，整个观念就会被打破。这样的转变自然会导致对职位的需求更少，在一些 Scrum 开发团队中，没有角色，只有团队成员。你们的职位可以遵循 Scrum 组织设计来确定，例如你们可以只设立一个职位——软件工程师，或者仅仅是一个指定的团队成员，而不是诸如软件开发人员、软件测试人员和分析师之类的职位。每个确定的职位都可能会产生筒仓和隔阂，产生依赖关系以及同步和交接的需求，这些都无助于你们创建高绩效的团队。

在更敏捷的环境中你能做什么

如果上一段内容没有带给你太大的冲击，那么你已经准备好进行下一步了。当团队成员为了共同的目标做出贡献，进行频繁的同伴评估，并为彼此负责以提高技能时，职位和职业路径存在的唯一原因就只是因为它们与薪酬直接相关了。解决方案很明显：将薪酬与职位脱钩。在这种情况下，你根本不需要任何职位，因为团队角色是根据团队为达成目标的当前需求而自发产生的。薪酬可以与同侪反馈以及每个团队成员对组织来说的个体价值挂钩。

The Agile Leader

在更敏捷的环境中，我们将工资与职位脱钩，让角色自发产生。

毕竟，只关注金钱会降低人们的生产力。正如 T. 查莫罗 - 普雷穆兹克所说："人们越关注自己的薪水，就越不会关注满足自己的求知欲、学习新技能和享受乐趣，而这些事物恰恰是让人们表现得最好的因素。"

这是一种创业心态。想象你是一位企业家，每天你都需要证明自己带来了足够的价值以获得报酬。压力大吗？也许吧。请注意，每一次这样的实践都需要特定的文化和组织敏捷性。我不会用它来开始敏捷之旅，但是你可以把它作为进阶步骤，当你的组织准备好了时就进行这一步吧。如果你觉得你已经准备好了，这里有两

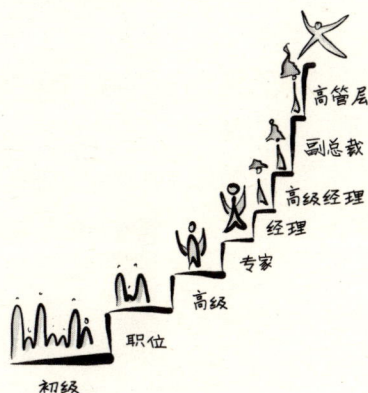

个关于如何开始的建议。

　　第一个建议是剧烈的变革，对此员工有两个选项：要么因为相信改变而留下来，并准备好以主人翁意识来承担责任，以取得成功并实现组织目标；要么拿一笔一定数额的离职补偿走人。留下来的人都是思维模式正确的人，转型会遇到较小的阻力。第二个建议是渐进式变革。从将薪酬与职位脱钩开始。那些职位迟早会变得无关紧要，所以如果你取消它们也没有人会记挂它们。如果你要选择第一个选项，你必须有勇气；而第二个建议会让你的旅程更长、更痛苦。这完全取决于你想要什么和你现时所处的位置，这与公司规模或所在行业没有任何关系。然而，对于一个较大的公司，你也许可以从一个试点部门或一个地方开始，然后才在整个组织中实施。敏捷与实际做法无关，而与思维方式有关，对于敏捷人力资源和人才管理来说也是如此（如图9-4）。

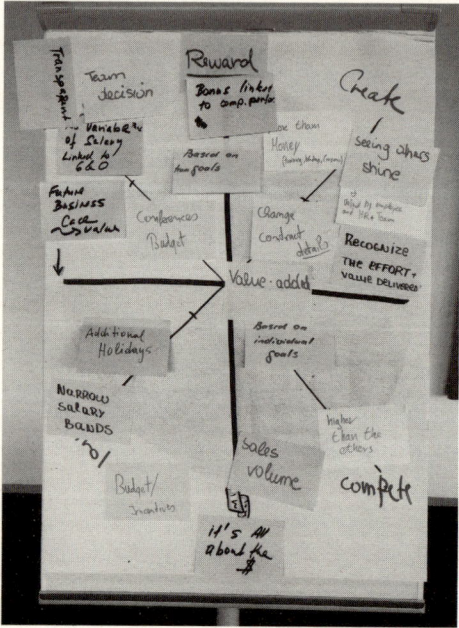

图9-4　将奖励映射在相互竞争的价值观地图上的示例

关于定薪的新想法

尤塔・埃克斯坦和约翰・布克 [Jutta Eckstein and John Buck,
《超越预算、开放空间和全员参与制的全公司敏捷：在颠覆中生存和繁荣》
(*Company-wide Agility with Beyond Budgeting, Open Space & Sociocracy: Survive & Thrive on Disruption*) 作者]

　　德国软件和咨询公司 Mayflower 的主管报告说，有一小部分员工对他们的薪酬设定方式感到不满，因为这个过程没有遵守敏捷价值观。员工们非正式地假设，让薪酬在他们之间透明化将提高他们以敏捷方式工作的能力。他们分享工资信息，由此产生的开放性提高了他们作为一个团队一起工作的乐趣。然后，该群体更进一步，将他们的薪酬向所有同事公开。越来越多的同事效仿他们。这触发了一个新流程的创建，在该流程被尝试和修改了几次后，群体（暂时）确定了以下政策：一名被选出来的人士（薪酬代表）将参加所有关于薪酬的讨论。在薪酬讨论开始之前，管理层计算出有多少预算可以增加。管理层定义一系列重要的公司利益，对此每个员工都应该支持，例如员工帮助实现客户和团队的满意度。下列人员将参加薪酬讨论会议：被讨论的对象，被讨论的对象所邀请的两个人（通常是同伴），当选的薪酬代表，被讨论的对象所工作的分支机构的主管。薪酬讨论遵循一个明确的过程：在与参会的所有人进行了关于该对象的公开对话，考虑了该对象的成长、成就和不足等所有观点之后，每个参会者评估该对象对公司利益的贡献。每个参会者都知道该对象的实际薪酬，各自秘密地把所建议的新薪酬写在便利贴上。在所有人都提出了他们的建议薪酬并提供了一些理由之后，该群体为该对象制订一个建议的新薪酬。在（与所有员工）进行了所有薪酬讨论后，管理层将建议加薪的所有增量相加，并验证加薪是否在所增加的预算范围内。如果所有增量的总和超过了增加的预算，则所有增量都会按比例减少。

在敏捷组织中应该做什么

　　组织层面变得越敏捷，团队架构就越灵活、越有活力，也就越难以表述每个职位或角色是什么。你的工作方式变得越敏捷，对每个层次的透明度的需求就越高。我们可以看到每个人在做什么，可以挑战他或她，并给予反馈。任何员工都可以参加任何倡议，但必须对组织的意图全部负责。因为没有什么是隐藏的，所以意图在某种程度上是由每个人控制的。自发式仆人型领导是将一切联系在一起并确保和谐而非混乱的关键部分。这样的环境可以让所有的薪酬透明化，让员工参与决策。事实上，目前还没有多少公司能这样做，所以你不必马上就做到，然而，你仍然可以被这些可能性鼓舞（如图 9-5）。

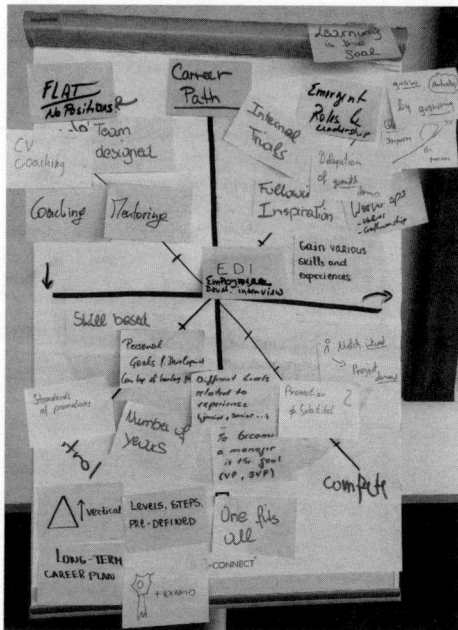

图 9-5　将职业发展路径映射在相互竞争的价值地图上的示例

　　我与很多人谈过他们的职业生涯和未来规划，我觉得他们缺少的是勇气。这是我们一直忽略的真正的敏捷价值——打破岗位架构和规定的职业路径，为自己创造一份全新的工作的勇气。不要等到别人有职位空缺，自己设计吧，为你的技能和你所能交付的价值创造需求。明确的职位和职业路径已经走到了终点，它们是上个世纪的东西。在现代世界，我们需要更多的自发式领导力和灵活的解决实际问题的方案。固定的角色只能维持现状。你是一名领导者，走出你的职位限制吧，去创造你自己的角色，一个关注价值、能让你实现梦想的角色。

领导力和自我欺骗

亚宾泽协会（The Arbinger Institute）的《领导力与自我欺骗》（*Leadership and Self-Deception*）一书提出了另一个有趣的观念，即当我们把别人看作职位或角色时，我们就会在心理上把他们封闭在一个由职位描述所创造的盒子里，这会立即创造出对这个人的某种期望。"他是一名测试人员，所以他的工作就是找出所有的缺陷""她是一名开发人员，所以她应该编写高质量的代码"，或者"她是妻子，所以她应该照顾好家庭"。

当这些期望得到满足时，没有问题；但当它们未被满足时（这实际上是很常见的），就会制造紧张、沮丧和压力，这通常表现为责备别人没有做我们期望他或她做的事。

在敏捷环境中，我们意识到这种封闭效应，而这整个心理方面的考虑是我们建立跨职能团队、摆脱详细职位描述和陡峭职业路径的另一个原因。然而，不要忘记，每一种做法都与特定的文化有关。在高度个体化的文化中，陡峭的职业路径和详细的职位描述是有用的，因为它们能给人们一些成长的愿景。在高度协作的以意图为驱动

的组织中，它们则变得不切实际，是时候放弃它们了。

当我们第一次阐明在我的公司里没有详细的职位和职业路径的愿景时，它引发了很多恐惧。"我的薪酬会怎样？""我怎么才能加薪？"人们问道："这是否意味着我们的薪酬都一样？"不一定。人总是不同的，但可以通过帮助别人和为团队带来价值来获得别人的尊重。坦率地说，我们已经有几年没有在 Scrum 团队中使用那些职位了，那么当组织的其他成员也准备创建跨职能团队时，为什么还要使用这些职位呢？唯一的原因就只是组织已经习惯了，这是一种令人舒服的习惯。它需要我们花费勇气和大量时间来解释为什么我们在敏捷团队中不需要职位，以及这样做会对每个人产生什么影响。与此同时，我们还将薪酬与职位脱钩，并创建了与小额奖金挂钩的团队导向目标，这些目标反过来又与组织的整体收入挂钩。你可能会说，这没什么大不了的，但在做如此彻底的改变时，你永远不应该低估频繁沟通的必要性。

领导力、系统教练和大型团体引导

最后，让我们来看看好的敏捷人力资源技能和做法。首先，它是关于对敏捷思维模式的理解，以及创造一个敏捷文化蓬勃发展的环境的能力——一个支持协作、透明、开放的同侪反馈、信任、团队精神、主人翁精神、授权和负责任的环境。敏捷人力资源应该支持文化转变。第一步是从文化的角度提高人们对自己所处的位置和想要达到的位置的认识。你的组织越敏捷，对教练和引导技术的需求更高。人力资源所扮演的角色，对于培养组织中的教练和引导技术，以及支持个人和团队的旅程，起着至关重要的作用。

成为领导者不是拥有某个职位，而是拥有一种心态。

任何人都可以成为领导者。

　　另一个根本性的转变，需要来自管理层，并建立在决策和领导授权的基础上，它不是建立在职位之上的，而是建立在一种心态之上。任何人都可以成为领导者。你是否准备好以主人翁精神去承担责任，去领导一个创新项目、一个团队或一个产品，决定权在你。定期、频繁的同侪反馈将增强足够的自我意识，使领导者可以在组织中脱颖而出。我们经常把自发式领导力描述为一个人既是一个创新项目的领导者，同时又是另一个项目的团队成员。随着评估转变为定期的同侪反馈和发展教练，领导者的关键目标将是帮助其他领导者成长，而良好的教练和引导技术，我再次强调，是必不可少的。

敏捷人力资源 = 敏捷领导力 + 系统教练 + 大型团体引导。

　　事实上，在敏捷组织中，人力资源将重点转向员工的整体体验仅仅是一个开始。让我提出另一个想法。优秀的人力资源应该是组织级的 ScrumMaster，或敏捷教练（如果你愿意的话），在"ScrumMaster 之法"（见本人所著的《有效管理敏捷团队》一书）的第三个层次上运作，专注于整个系统。在这个层次上，与其说是教练个人，不如说是利用 ORSC 之类的系统教练工具，教练团队和作为一个系统的组织；与其说是引导团队，不如说是利用世界咖啡馆和开放空间等工具引导数百人的大型团体。人力资源是关于成为敏捷领导者的榜样，发展"我们"文化，并指导其他领导者成长为敏捷领导者的。简而言之，敏捷人力资源支持敏捷文化的发展。

　　我把最激进的想法留到了最后。归根结底，在一个非常敏捷的扁平组织中，不需要任何正式的人力资源角色。我们有围绕任何需要解决的问题组建的自组织团队。我们彻底透明，可以尽早发现问题，定期提供反馈和教练以支持发展。如果你拥有兼容的文化，那就很简单明了。如果没有，律师会跳进来说你不能样做：如果没有详细的职位，组织不能轻易解雇人；没有评估，你不知道该付多少钱；没有关键绩效指标，人们不会尽其所能地工作……我可以继续说下去。整个人力资源的职能符合知识组织，即橙色架构的组织 2.0。你越转向动态的组织设计和敏捷，对固定的人力资源流程和整体人力资源的需求就越少。

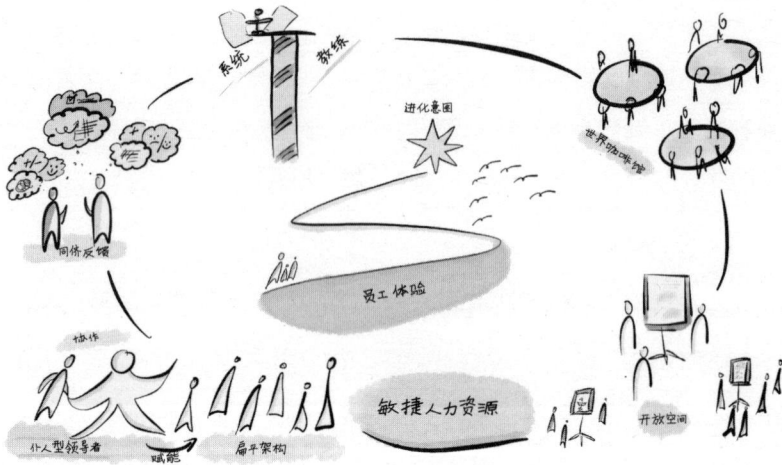

敏捷财务

与敏捷人力资源一样，敏捷财务对于组织敏捷至关重要。业务敏捷学院的《业务敏捷报告》表示："在考察具体部门时，虽然对财务和人力资源进行改革的组织较少，但那样做的组织确实能获得更大的成果。"改变财务部门是很难的，因为财务人员通常喜欢年度计划预算和固定预测。然而，各个行业对灵活性的需求非常强烈，并促使组织转向滚动预算。在敏捷金融领域，超越预算的概念是最成功的。"超越预算意味着超越指令和控制，走向一个更强调授权和适应性的管理模式。"[引自超越预算研究所（Beyond Budgeting Institute）相关文章]这一概念已被世界上许多大大小小的组织①采用，并取得了很好的效果。

超越预算研究所的 12 个超越预算的原则中，大部分对敏捷来说并不新鲜，但在财务环境中它们仍然是很有用的：

1. 成为一个以意图为驱动的组织。

2. 通过共同的价值观进行治理。

3. 注重团队文化。

4. 信任人。

5. 给予他们行动的自主权。

6. 以客户为中心。

7. 保持节奏。

8. 保持活力。

9. 设定有方向的雄心勃勃的目标。

10. 根据需要分配资源。

11. 鼓励同侪反馈。

12. 奖励共同的成功胜于彼此竞争。

---

① 主要的例子包括瑞典商业银行、美国佳殿工业集团、TW 电信公司、Slim-Fast 公司、联合利华公司、美国运通公司和 MD 安德森癌症中心等。

这种理念对真正的敏捷者来说是熟悉的，但对于那些在基于固定计划和预算的传统环境中度过整个职业生涯的人来说，是非常具有挑战性的。组织可以在没有固定年度预算的情况下成功地进行管理，这种想法有时很难理解。有趣的是，一旦你允许它发生，你就可以更强烈地响应业务的挑战和需求，并且可以让组织朝着意图迭代，而不仅仅是遵循一个可能还不太相关的计划。

TW 电信公司的故事

内文·怀特（Nevine White, Hargray 通信公司会计副总裁、
TW 电信公司前 FP&A 副总裁）

2004 年初，我的老板给我提出了一个挑战——找到一种更好的方法来为公司制订财务计划，取代过时且浪费的预算程序。这是整个组织范围内的一个重大转变的开始，不仅导致我们转向滚动预测，而且使得我们转向了一个灵活、有效和异常成功的管理系统。由于缺乏具

体的前进方向，我开始研究各种想法，以寻找"更好的方法"。这让我找到了一种名为"超越预算"的计划方法。我们迅速设计了新的流程和计划模型。在我和我的财务团队所擅长的范围内处理这些有形的项目非常让人兴奋。然后，我们意识到这将是一场巨大的文化变革，我们必须接受我们新启用的变革管理方法，学习对这项由财务的创新取得成功而总结出的至关重要的技能。

我们开始让人们参与这场深刻的变革，并做了一些对财务团队来说通常很陌生的事情——听取前线的意见。我们特意将其从"财务事项"转变为一项企业创新计划。我们在领域内变得引人注目，这使我们能够更快速地做出响应。我们消除了自身的官僚主义，并将审批权推到了第一线，以便更快地做出决策，使我们作为一个组织更加敏捷。

我们的第一个新型预测流程很粗糙，但我们从错误中吸取了教训，进行了调整，然后再次尝试。我们意识到这需要不断调整以跟上市场的变化，并与战略重点保持一致。当我们弄清预算时，一切突然间变得公平了。随后我们采取了持续改进和创新的心态，即使是固定且有效的流程，随着我们的成长，也不可避免地会感受到市场压力和客户需求的变化——而这些正是我们一直在修补以清除的障碍。

整个组织的基调都改变了，人们在倾听、合作，并邀请新的利益相关者加入。我们将财务团队嵌入到现场活动组织中，以便能够更快地做出决策，我们不再被视为障碍。我们都突然成为一个更大的意图的一部分，为一个共同的目标而努力奋斗。我要说，取消预算是公司成功的唯一因素，但通过创建业务敏捷，我们让一线领导者能够专注于他们被聘用来从事的工作。在过去的 10 年里，我们的运营没有受到过时预算的限制。TW 电信实现了连续 40 个季度（其中包括经济大萧条的那些年）的营收增长。通过愿意承担一些风险并真正参与部署一些新想法，我们完成了一些了不起的事情。我们在业务上进行了必要的转型，使我们公司在客户体验和创新方面成为行业中最敏捷的公司。

成为敏捷领导者
The Agile Leader

- 敏捷人力资源支持敏捷文化的发展。

- 敏捷人力资源 = 敏捷领导力 + 系统教练 + 大型团体引导。

- 敏捷组织让薪酬与职位脱钩，让角色自发浮现出来。

- 滚动预算是灵活的、动态的，并保持着节奏。

第 10 章
善用敏捷领导者的工具箱

系统教练和引导

对敏捷组织来说，两个最重要的技能是系统教练和引导。

教练的对象不局限于个人，还包括团队和更大的系统。不幸的是，由于敏捷在组织层面仍然很新，没有太多的教练项目关注系统。其中一种是组织关系系统教练（ORSC），它与敏捷非常一致，并被敏捷教练们广泛使用。在前文中，我描述了 3 种系统教练的工具：现实的 3 个层次、高层次和低层次梦想，以及降低愿景。系统教练也是支撑敏捷领导力模型的关键技能，你每天都会用到这些技能。

组织越是依赖协作和形成网络，大型团体工作坊的引导、对话和头脑风暴就越不可或缺。引导带来中立，帮助人们达成一致和相互理解。引导者负责流程，而参与者拥有内容。玛莎·阿

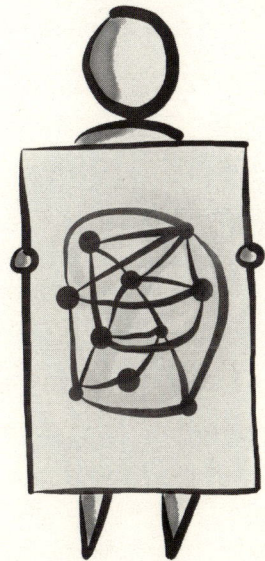

克说："引导就像复杂的两极之舞。当团队聚集在一起进行协作时，很少会有带着明确的'正确'答案、非黑即白的主题或决策。"与系统教练一样，在一个复杂的系统中没有对错之分，只有不同的观点，引导者的目标是确保系统的声音被听到而不被评判。

引导技术的价值

玛莎·阿克

敏捷要求领导者以不同的方式思考，这是为了找到快速学习和适应的新方法，从而打破计划和控制的旧习惯。如今组织面临的各种问题，需要许多人共同来思考如何解决挑战并向前迈进。

我对如今的组织中各级领导者的期望，是他们能够重视和欣赏引导的艺术。我期望他们做这项工作是为了学习并熟练掌握如何在倾听和参与时更加中立。我期望他们创造一种环境，让所有的声音都能被平等地听到。我期望他们留出时间来听取不同观点，并在不匆忙做出最终决定和不陷入各种意见的泥潭之间找到正确的平衡。

开放空间

在复杂系统层面，一种非常有趣的引导形式是开放空间。开放空间这一形式是一种可以使系统具有创造性，并允许一大群人分布式地处理一个共同主题的引导技术。它使用自组织，让人们有机会选择他们希望讨论的特定主题。听起来很复杂，但它并没有那么难，它只是讨论想法的一种不同方式而已。

开放空间形式只有一个简单的法则和4个相当哲学的原则。我记得刚开始我对它们的抽象感到气馁。当你第一次读到它们的时候，听起来很复杂，但它们只不过是简单地描述自组织。当我停止分析这些原则并将之应用到更高层次时，我意识到开放空间是一个很棒的工具。

开放空间

双脚法则是开放空间的关键规则。

双脚法则为开放空间奠定了基础，它让每个人都能对自己的兴趣负责，如果他们发现某一谈话并不能抓住自己的兴趣，而自己对该谈话也没有贡献，他们可以用自己的双脚走向另一个对他们来说更有趣或更相关的话题圈。

这可能是开放空间成功的关键。想象一下每天在工作中使用这条法则，有多少会议你想参加？你参加的对话应该是更有趣的，别忘了你还有多少时间花在这上面。双脚法则改变了游戏规则，因为它将参与定义为自愿的。每个人都可以参与，而当开放空间不

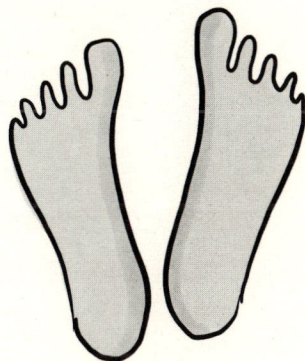

再能提供相关信息或互动时，他们可以离开。

法则是基础，而 A. 斯塔德勒（A. Stadler）的 4 项原则定义了自组织，并帮助人们在参与中获得最大收益。

> The Agile Leader
>
> **来的都是合适的人。**

所有对谈话感兴趣的人都是参加开放空间的合适人选。每个人都可以参与，你不能用人数、经验或知识来加以限制。开放空间必须对所有人开放，它对加入的人员没有限制。

> The Agile Leader
>
> **无论发生什么，都是唯一可能发生的事情。**

不要去想"如果……会怎么样"。对话朝着既定的方向发展，来的人都是合适的人，而当下正在发生的事都是唯一应该发生的事。生活中，我们都在一定程度上受到我们的经历、想法和计划的影响，它们不断地迫使我们去思考过去或未来。而"无论发生什么"的原则则把我们带回到当下，我们停止评估可能发生的事情，而完全专注于当下正在发生的事情。

> The Agile Leader
>
> **不管何时开始都是合适的。**

创造力不能被计划，我们的任务就是不限制创造力的流动。不管何时开始，都是合适的。这意味着如果你的谈话需要持续比原计划更长的时间，那就在必要的时候继续谈话；如果你要晚一点开始，那也没关系。

The Agile Leader

结束的时候自然就结束了。

创造力有它自己的节奏，所以要注意它。时间不是那么重要。如果你觉得结束这个话题是个好主意，就去问小组成员。如果他们同意了，那就结束，然后进行下一项你们感兴趣的事；如果他们不同意，你们就继续下去，研讨这个主题的更多细节。

正如你所看到的，这并没有什么难的，但是它需要敏捷思维模式作为先决条件。传统的思维模式认为，每次对话都必须有一个明确的领导者和决策者，有一个固定的计划和可度量的目标。在这种语境下，开放空间会显得很奇怪。开放空间可以是一切，但绝不是传统思维中的那样，它没有详细的计划，也不是中央集权的。它将自组织和分布式工作方式提升到了一个新的层次，并释放了系统的创造力。

组织的开放空间

尤塔·埃克斯坦和约翰·布克

如今，VUCA 和数字化给企业带来的压力要求企业时刻保持创新。管理通常被认为要负责引导创新，例如邀请选定的人加入智库。这种方法忽略了全体员工的创新能力。

开放空间是一种特殊的活动引导技术，以实现容量的增加。组织的开放空间使用同样的原则，来发挥为组织工作的每一个人每一天的创新潜力，而不仅仅是在特定的活动中发挥潜力。

例如，电子游戏开发商 Valve 公司会邀请员工提出关于新游戏或改进现有游戏的想法，无论他们在工作日的任何时候想到都行。如果有任何同事支持这个新想法，他们就会团结起来去实现它。另一个例子是在一家户外装备公司 W. L. Gore，每个人都不断被邀请提出新产品、新功能，甚至是新流程。在这两个例子里，如果有足够多的员工对实现这个产品、功能或流程感兴趣，那么感兴趣的团队就会继续为此而努力。如果大家对该想法没有足够的兴趣，那么它就会夭折，因为缺乏激情意味着它可能不值得实施。反之亦然，如果员工厌倦了某项活动，他们就可以停止去做，只要他们照顾好现有的客户即可。

创新不再仅仅依赖于职位描述中的任务分配，也不再只依赖于少数"创新"人员（如研发部门）或像智库这样的特定活动。创新每时每刻发生在每个人身上。

角色的多样性

每个人都有不同的偏好，开放空间等灵活的形式需要适应多样性，并将其作为指导原则。这就是为什么除引导者（开放空间的主持人）和讨论圈的参与者之外，开放空间还定义了"大黄蜂"和"蝴蝶"两个角色。这些角色简单地描述了当你离开一个对你来说缺乏价值或相关性的讨论，加入一个新讨论时，或者当你只是需要一个安静的时间来消化你学到的东西时，你如何使用双脚法则。

"大黄蜂"自由地从一个小组飞到另一个小组，他们总是听一段对话，然后跳到下一个小组的对话。通常，他们在一个小组中获得的灵感会传递给另一个小组，在对话之间架起一座桥梁。"大黄蜂"就像最后才一时兴起添加的香料，能使烹饪一顿普通的饭菜产生一种乐趣。"大黄蜂"一时兴起就会出现在一个话题圈里，有时还会引起轰动。这是无法计划的，是突发的，基于情境和背景。这种随机性在传统环境中会显得很奇怪，但在复杂系统中却很有效。

第二个角色是"蝴蝶"。与"大黄蜂"不同，"蝴蝶"不参与计划中的对话，而是创造了新的连接和学习的机会。有时，他们无意中听到一些事情，他们需要保持思路清晰，所以他们就坐在边上一边听别人积极交谈，一边花时间反思。有时，其他"蝴蝶"会坐下来，基于当前的主题创建一个完全不在计划中的小组。他们是开放空间中最分散、最无组织的部分，只遵循这样的原则：不管何时开始都是合适的；来的人都是合适的人；最重要的是，无论发生什么都是唯一可能发生的事情。

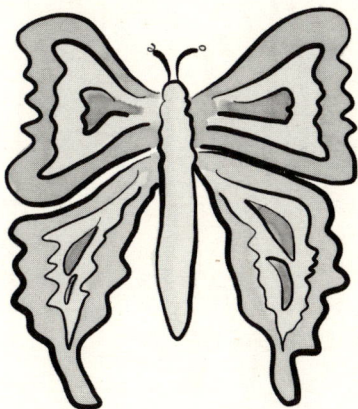

开放空间灵活的形式可以容纳你喜欢的任何思考、学习和交谈方式。因此，它是一个很好的用创造性和创新想法来解决复杂问题的工具。这是一种完全自由的形式，所以不要害怕做你自己。请记住，在开放空间，无论发生什么事情都是对的。你会发现，一旦你熟悉了开放空间，你将成为它的忠实粉丝。

需要做什么准备

现在让我们来看看你需要准备什么。你需要一个大房间，用来举行所谓的集市；你还需要有想法，以开展对话。安排起来并不难，只要把椅子围成一圈，人较多的小组就多排几圈，中间放上足够的记号笔和纸。开放空间的引导者解释法则和原则，提醒参与者当天开放空间的主题，并打开"集市"以收集想法。然后，参与者一个接一个地向其他人展示自己感兴趣的领域，把主题

和自己的名字写在一张纸上，放在白板上指定的空间和时段位置，以预留起止
时间。

　　有时，如果有相似的话题，话题的提出者会同意合并讨论；有时，他们
会在最后一刻改变预留的时段，以便能够参与关于另一个有趣的主题的竞争
性对话。任何提出主题的人都可以提出他或她自己的想法，或者只是引导参
与者之间的讨论，把想法留给他们，形式没有限制。每个谈话的地点都有一
个活动挂图，允许参与者记录重要的谈话要点，这样就不会丢失产出结果。
最后，所有人再次碰头，每个小组都有代表展示对小组讨论的总结。请注
意，开放空间通常只是提供一个论坛，以开启某个特定主题的讨论，而不是
让参与者做出重大决定，然而不同的试验经常会从开放空间的对话中受到启
发（如图 10-1）。

图 10-1　2017 年敏捷布拉格会议上的开放空间集市

在哪里使用开放空间？

　　一旦你了解了开放空间是什么，就该考虑组织可以在哪里使用这种形式。开放空间经常用于会议，以将讲座和工作坊的经验具体化，让每个人都有机会讨论自己的特定问题，并从其他人感兴趣的东西中得到启发。我见过的最大的开放空间团体大约有 1200 人；定期组织开放空间的公司，参与者通常有数百名。人数并不是限制因素，因为开放空间可以很好地扩展。你所需要的只是有足够大的空间来运作一个联合集市，有足够多的独立区域来进行独立的对话。

　　那么这种形式通常在哪里使用呢？基本上，在我们处理复杂问题并且准备好进行真正的自组织时，无论在何处都适用。将一大群人聚集在一起是产生创造力和创新性，集思广益解决问题的最佳选择，例如如何改变评估体系，我们应该有什么类型的目标、目的和标准，新的办公空间应该是什么样子，如何提高质量，如何更好地获取客户，等等。它也可以用于产品待办事项梳理会[①]或组织的回顾会。

开放空间建立在自发式领导力的基础上。当你对某个话题感兴趣的时候，你就会挺身而出，承担起责任，并努力在你周围组织起一群同样对这个话题感兴趣的人。它提高了透明度，并符合自愿和包容的原则。它增强了协作和创造力，从而提高了组织整体的敏捷性。

他们的答案

The Agile Leader

我第一次参加开放空间是在 2003 年，当时我们的客户想要改变他们的工作方式。几年之后，我们才实施了 Scrum 并变得敏捷。当时，客户只是想投入 100 天来尝试更好的工作方式。它被称为"百日改进"，团队用 100 天的时间来改进流程、基础设施和自动化等。这 100 天始于一次开放空间，在其中我们进行头脑风暴，讨论什么可以帮助我们进行产品开发，以及我们如何将这 100 天以最有效的方式投入到改进中去。当时我们感到很奇怪，困惑于他们为什么让我们在没有预先定义任何结构的情况下进行讨论。但是那天产出的想法都很棒，我们改进了系统的几个部分，这些改变后来都带来了巨大的商业价值。

几年后，我利用开放空间工作坊进行了一次整体人力资源变革，改进了员工发展体系，设计了新的奖金结构，并重新设计了我们的办公空间。在产品领域，我最喜欢的由开放空间所引导的工作坊之一是整体回顾，在回顾会上为了同一产品而一起工作的团队思考着如何改进团队合作。你会惊讶于从纯粹的自组织中自

---

① 产品待办事项梳理会是 Scrum 中产品待办事项列表被创建和排序的会议。

发涌现的绝妙想法。

如何启动

现在让我们来看看如何启动。不用担心，不一定要完全依照从开放空间中自发涌现出来的建议去实施。一个工作小组的建议只是开始。要说服其他人相信你的想法，评估并实施这些想法，可能还有很长的路要走。好吧，也许并不很长，但我想强调的是，一群人提出的建议并不会自动成为决定。有时候，当双方达成一致时，改变可能只需要几分钟；也有时候，最终实施需要几个月的时间，因为法务需要参与，财务需要审查，其他部门需要最终确定。还有时候，如果一个想法从组织的角度看不切实际，它就永远不可能实现。但是没关系，因为这是为了找到复杂问题的创造性解决方案，这需要时间和一系列的试验。

开放空间是一种自愿的形式，所以从一开始参与者就都是有热情的员工，你无须去处理消极情绪。它是一种建立在多样性基础上的形式，允许人们专注于他们最感兴趣的那部分问题，并尝试共同推进（如图 10-2）。对于具有敏捷思维模式的人来说，这些规则很简单，也很熟悉，在敏捷组织中，工作坊几乎是自我运行的。在传统的组织中，人们仍然觉得做任何事情都需要报告和中心化管理，开放空间通常会让他们感到紧张，某些管理者会将其叫停。"如果员工提出了一些我们不喜欢的想法，怎么办？不如不让他们举办开放空间。"尽管引导工作很简单，工作坊本身也不会出错，但一些组织和管理者还是会认为它行不通。毕竟，它是敏捷世界中的一项先进技术。

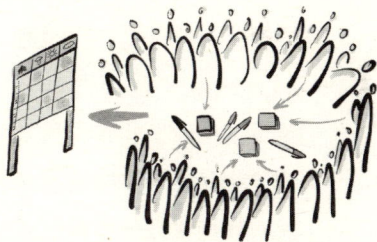

图 10-2　开放空间中的一次主题活动

让我们试试这个简单的评估。通过评估对你所提议的举办开放空间一事的反应，你可以判断你所在的组织是否敏捷。想象一下，在你的组织中有类似这样的一次对话：

"我们想组织一次用时半天的工作坊，讨论如何改进____。____是我们最大的问题。它将花费我们每月____的时间和____的金钱，到目前为止，我们还没有能够改进它。我们想邀请所有团队成员在开放空间中思考我们可以做些什么。"

1. 你的组织会有什么反应？

　0："别想能改变什么。这方面不可能有任何改变。你所要做的一切就是遵循流程。"

　1："要花多少钱？我们不能腾出半天时间，我们必须工作，交付产品。"

　2："你不能邀请所有人。如果你真的想做此事，就去创建一个小型工作组。"

　3："参与真的是自愿的吗？如果……？"

4:"让我知道进展如何。"

5:"我也可以加入吗？"

这是一个简单的测试。询问你周围的人，并将他们的答案按照 0 分到 5 分打分，所得到的平均分将表明你所在组织的敏捷程度：

0 分表示你的组织还没有为此类敏捷实践做好准备，并且深陷传统思维模式之中。对此，我会从一些更小的事情开始做起，来向组织表明自组织和分布式工作是可以成功的。

3 分表示给你一次尝试的机会，尽管你需要解释很多并需要增强安全感。当你在组织内成功地推销出第一个此类工作坊时，通常意味着你已经赢了，而且会被允许以后经常开展此类工作坊。

5 分表示你们的敏捷之旅已经走得很远了，敏捷是你所在组织的 DNA 的一部分。敏捷不仅是你所做的事，更是你的生活方式。开放空间工作坊将成为你所在组织的一个正常组成部分，组织中的其他人员如果需要解决某些复杂问题，无论何时他们都会开始组织此类工作坊。

任何在以上阈值之间的分数都表明你们已经走在通往下一个级别的路上。

敏捷笔记　你可以做些什么来提高组织尝试开放空间形式的准备程度？

世界咖啡馆

世界咖啡馆是一个提高对某个主题认知的好工具，它能有效扩展对话和利用系统的智慧。世界咖啡馆的布置非常简单：人们分成小组围坐在一张张桌子旁，就像在咖啡馆里一样，这样他们就可以舒适地交谈。通常，每张桌子旁都有一张活动挂图板，或者提供一套较大的便利贴和记号笔，这样人们就可以在谈话过程中做笔记。

世界咖啡馆由引导师介绍活动形式，并设定对它的期望。世界咖啡馆是解决敏捷领导力模型的第一步——获得觉察的一个很好的工具。它不是一个快速决策的工具，但它可以帮助多样化的大型群体反思当前的状态，倾听系统的声音，并察觉到不同的观点。

最开始，我们要求人们组成跨职能的多样化团队，以涵盖尽可能多的角度。我们通常就一个主题进行 3 轮 (或更多轮)20 分钟的对话，每一轮对话都以一个问题为框架。这些问题并不是涵盖 3 个不同的主题，而是从 3 个不同的角度来看待同一个主题，帮助人们从不同的角度来研究这个领域，倾听系统的声音。

每一轮结束后，小组选择一个人留在小组中，在下一轮开始时向新来的参与者解释上一轮讨论的要旨。活动挂图板就是为此而设的有用的视觉化工具。其余的人随机选择并加入一张新的讨论桌。请记得保持小组的多样性和跨职能。

在最后一轮结束后，各小组向其他人展示本组的成果，并寻找行动步骤。

敏捷精益欧洲网络愿景

我第一次接触世界咖啡馆是在马德里极限编程 2011 敏捷精益欧洲（ALE）网络愿景 / 意图会议上。我们使用乐高战略游戏来帮助创意流动（如图 10-3）。来自 32 个国家的敏捷专家齐聚一堂，使用世界咖啡馆的形式讨论新创建的 ALE 网络愿景的可能性。创建一个业界愿景绝不是一个简单的过程。每个人都有自己的观点；每个人都是正确的，但只是部分正确。世界咖啡馆创造了正确的多样性组合，而乐高帮助我们经历了现实的 3 个层面，并在我们将其带回共识现实之前利用了感知本质和梦想的力量。每个小组都提出了一个愿景，并对其进行了解释。最后，发起创建 ALE 网络想法的尤尔根·阿佩罗（Jurgen Appelo）总结出了这一愿景："敏捷精益欧洲 (ALE) 网络是一个开放的、不断发展的人的（而非商业的）网络，它与当地社区和机构建立联系。它通过传播思想，以及培养敏捷和精益思维的集体记忆来帮助欧洲国家的人们。通过与具有不同观点的有趣的人进行跨越国界的交流，可以产生美好的结果。"会议结束后，所有不同的声音都围绕着一个清楚易懂的愿景，所有不同的描述统合为一个整体，这简直太神奇了。

图 10-3 乐高战略游戏

对流程的认知

第二例子来自一家公司，我们邀请了公司中大约100人，引导了一场讨论，讨论的内容是关于他们当前的业务流程如何映射到正式的流程描述上，以及如何更改。我们打印了一张展示现有流程的大海报，并把它贴在了墙上，在3轮讨论中让人们调查其使用方式和描述方式之间的差异、他们面临的阻碍，以及他们希望保持不变的领域（如图10-4）。在对话过程中，我们将当前流程映射到代表正式流程的图片上，以使差异可视化，在工作坊结束时我们就如何改变我们的工作方式进行了对话。

图 10-4　将业务流程映射到流程描述中

对角色的期望

第三个例子来自一个敏捷组织，我们需要提高 ScrumMaster、产品负责人和经理三类角色对相互期望的不同的认识。我们问了3轮问题："ScrumMaster 如何帮助产品负责人和经理？""产品负责人可以从 ScrumMaster 和经理那里得到什么？""经理是主要的领导者，经理的领导力如何影响 ScrumMaster 和产品负责人？"当天并没有做出任何决定，但有几位 ScrumMaster、产品负责人和经理在离开会议室

时是带着他们需要进行更深入交流并达成一致的行动项目的，因为他
们意识到了他们的期望互不匹配，而这正是世界咖啡馆经常发挥作用
之处，即用来开展对话和提高认识。

从以上的例子可以看出，世界咖啡馆是一种非常灵活的形式，可以激发系
统的创造力。你可以使用它来解决任何复杂的问题，但是如果用在解决方案很
容易找到的可预测的问题上，就有点浪费时间了。

系统思考

在现代社会中，诸如系统思考之类的工具很有趣，因为它们不是避免复杂
性，而是将全部的丑陋都展示出来，以便我们可以处理。它背后的基本信念就
像 L. 阿卡罗格鲁（L. Acaroglu）所说的，一切都是更大的整体的一部分，所有
元素之间的联系至关重要。因此，你需要
了解整个系统及其复杂性。为了将复杂的
系统可视化，我们经常使用因果环路图，
它为对话和协作创造了很好的机会。在复
杂的系统里没有对与错，只有不同的视角，
因果环路图是一种很好的可视化技术，可
以看到这些视角并围绕它们展开对话。虽
然这是一个很好的工作坊运行技术，但一
旦你看到结果，它就不是不言自明的了。

因果环路图的语法很简单，很容易上
手（如图 10-5）。图中用一个个简单的箭
头来表示一个项目如何影响另一个项目，他们之间的因果联系，以及表示效果
相反的联系如约束、快速修复反应和延迟反应。

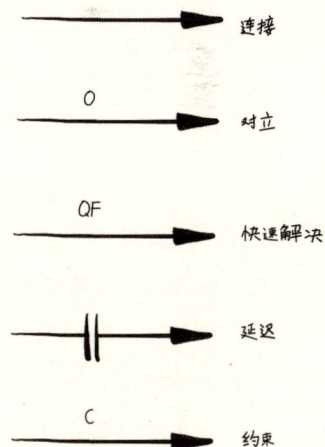

虽然这项技术很容易上手，但你需要一些练习才能理解它。请记住，它不

是向你展示一种方法的工具，而是帮助你将内在关联和整体复杂性可视化，以便你在绘制复杂系统时对其进行讨论。

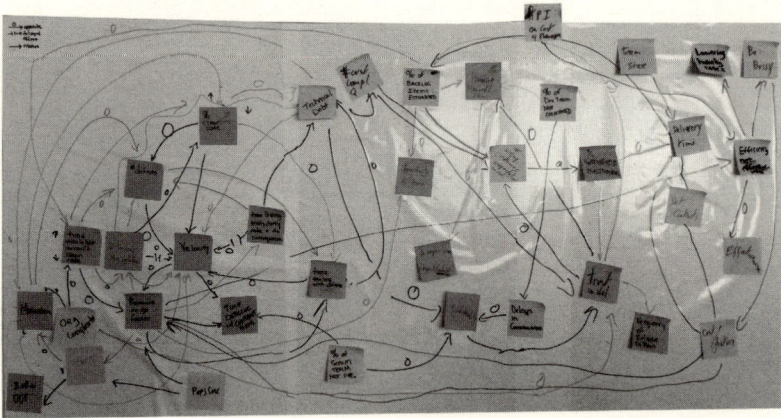

图 10-5　因果环路图

系统思考以发现冲突的优化目标

尤尔根·德·斯米特（Jurgen de Smet，协同学习联合创始人）

我一直在支持许多大型组织，使它们变得更加敏捷，在这种情况下必须要做的主要事情之一是重新设计组织架构和流程。曾经有一段时间，我帮助一个组织在给定的边界／授权范围内采用 LeSS 巨型框架，而提供支持的经理很难与他们现有的项目管理办公室工作建立连接。在探究这些问题时，我怀疑项目管理办公室 (PMO) 的优化目标与我们希望通过研发 (R&D) 和产品营销团队实现的目标相冲突。为了验证我的怀疑，并为现有系统的优化目标提供更高水平的透明度，我组织了一次由 PMO、R&D 和产品营销部门的代表参加的系统建模工作坊。

我没有像在我设计和引导的大多数系统建模工作坊中那样创建具有高度多样性的小团队，而是选择了代表其部门的团队。一组是项目计划经理，一组是产品营销人员和经理，还有一组是工程师。我指导这些小组在他们的组织背景中定义他们自己关心的系统变量。然后，他们对变量之间的关系进行建模，并选择他们自己的单一的优化目标，对他们来说，该目标对于他们在环境中发挥作用至关重要。确定了优化目标后，他们评估了对系统变量的影响，从而很好地理解了他们所做的一切和正在发生变化的原因。最后，我们让 3 个小组将 3 个不同的模型相互连接起来，因为一切都是相连的。他们发现 PMO 提出的优化目标与产品营销和 R&D 所提出的优化目标不一致，甚至相冲突。通过提高他们的系统设计的透明度，他们的 PMO 决定改变档速以适应其他组的优化目标。这样做的结果如何？结果是减少了日常运营中的挫折和冲突，加快了变革进度。

透明到底

透明是任何敏捷环境的关键组成部分。它看起来很简单，但在传统组织中实施起来却很难。在传统组织中，竞争的环境让人们非常具有防卫性，因为他们相信谁拥有信息谁就可以做决策，从而拥有权力。让我们实话实说，你工作过的组织中有多少是具有真正的透明度的？又有多少在流程的鼓励下将信息隐藏在团队或部门的墙后，并声称有必要遵守法规？缺乏透明度是一个厉害的武器，它使协作和自组织几乎不可能实现，最终会扼杀所有的敏捷转型。缺乏透明度是由恐惧和政治所支配的等级制度的好朋友。"如果我是唯一掌握这些信息的人，就没有人可以危及我的职位，我可以安全地待在管理者的职位上。我想升职的话，只需等待，确保不会发生重大失误就好。"这听起来有点耳熟是吗？

The Agile Leader

彻底的透明是敏捷的关键促成因素。

当组织从等级制的个体文化转变为团队导向的文化时，信息需要在更广阔的层级上流动。一旦你承诺开始敏捷之旅，彻底的透明就是关键的促成因素。它与自组织产生的授权一起，激发着人们的活力，人们开始承担责任并获得主人翁精神。他们不会等待某人来把他们提拔到某个职位，他们也不会等待命令。他们接管事情，为找到解决方案而进行协作。

透明没有止境，它与工具无关。你可以从分享便利贴并将变革旅程中的障碍可视化开始，使回顾或积极图表中的行动变得透明——唯一能限制你的就只是墙壁大小（如图 10-6、10-7）。

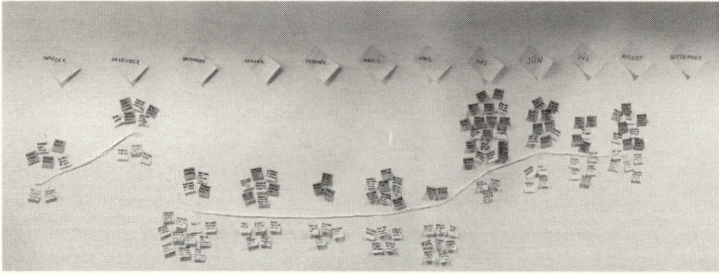

图 10-6　每月的敏捷旅程回顾

图 10-7　团队的每月敏捷旅程回顾

你可以实施实时的可视化，以显示系统性能的实时数据（如图 10-8），从而更加以业务为驱动。利用持续交付和快速反馈，你可以立即看到哪些功能产生了预期的影响，哪些功能起到了反作用，需要调整。

图 10-8　实时的关键业务指标

彻底透明

埃里克·恩格尔曼（Eric Engelmann，艾奥瓦州创业加速器 Geonetric 和 NewBoCo 公司创始人、Scrum 联盟董事会主席）

我的团队在 Geonetric 探索了彻底的透明，选择构建具有最少层级结构的完全授权、自组织的团队。我注意到，为一个明确、有重点的目标而工作的小型跨学科团队可以很快完成不可思议的事情，于是我决定围绕它建立一种文化，乃至整个公司。

我们创造了尽可能多的透明度，如财务数据、运营数据和客户数据，并要求团队使用这些数据做出回应和确定工作的优先级。我曾设想，这些变化将多数是"可操作的"，即关于工作如何完成。它最终成了公司的核心文化，在每个团队中都是如此：我们必须改变营销和销售产品的方式，我们必须重新制定吸引和留住人才的方法，我们必须改革我们的会计制度。所有这些加在一起，也改变了我们公司的战略和我们在市场上的地位。

只是瞥了一眼那些早期通过会面接纳敏捷而获得成功的公司，我们并不知道兔子洞有多深。无论当时的变化有多激进，总是有更多的东西需要学习和探索，而且，还有更多的东西有待发现。

如今，技术帮助我们从新的角度解决透明度的问题。不同的在线投票和调查工具能帮助系统提高对新观点的认知，并能在复杂且难以描述的话题（比如文化等）上产生影响。无论参与者身处何处，他们都可以看到实时结果。工具快速、易用、透明，然而所有这些工具都只是执行数据收集任务，本身并不会解决问题。

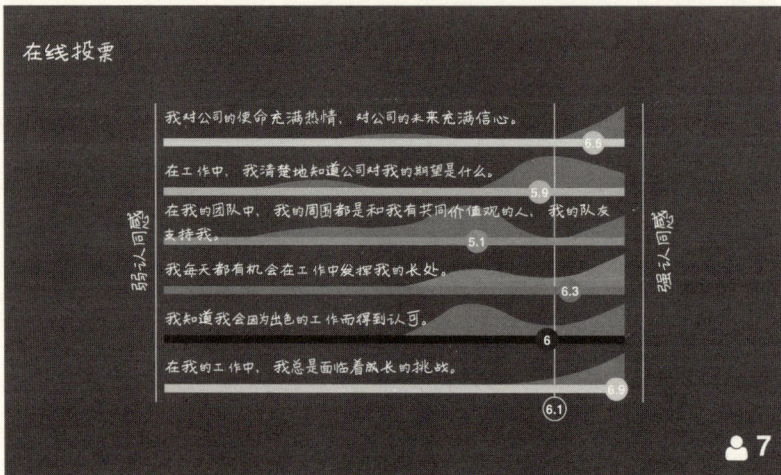

彻底的透明意味着展示一切，包括与世界分享你的业务信息。一些组织在博客上记录它们所做的一切。哆哆披萨就是一个例子，你可以在网上看到该公司的财务状况，读到它的冲刺评审，了解它的发展历程。哆哆披萨并不担心有人会窃取机密信息并与自己竞争。该公司已经接受了彻底的透明以及随之而来的一切。另一个众所周知的例子是 Buffer 公司，它将透明提升到一个新的水平，分享所有的收入、薪水、定价、产品路线图，以及电子邮件、公司人员如何出差和他们作为远程团队的工作方式。你可能会说，这太彻底了。彻底的透明给了 Buffer 公司更快学习的机会。正如该公司的人力总监考特尼·塞特（Courtney Seiter）所说："我们学习的速度比不向大家公开信息时要快得多。我们能够收集所有的信息，这是集体的智慧。"塞特表示，彻底的透明只是 Buffer 公司的核心价值观之一，我则想说，透明加上以人为本的文化，是该公司最大的与众不同之处。"只要我们都分享信息，分享电子邮件里发生的事，分享项目里发生的事，或者分享 Slack（一种透明的沟通工具）里发生的事，就给每个人都提供了完整的背景去建立联系，否则我们可能会错过这些联系。"

想象一下，如果每个人都能阅读其他人的电子邮件，每个人都能看到一切，那将如何减少钩心斗角或操纵他人的企图。正如另一位彻底透明的倡导者瑞·达利欧（Ray Dalio）所说："我最想要的是有意义的工作和有意义的人际关系。我相信，获得这些的方法是通过彻底的真相和彻底的透明。为了获得成功，我们必须拥有独立的思考者，他们是如此独立，甚至会反对共识。你必须把真实的想法摆在台面上。"

建立关系需要时间，彻底的透明度也需要时间。归根结底，花费时间是唯一的缺点。就像每一次文化变革一样，改变很难被强行植入你的行为。正如考特尼·塞特所分享的心得："你真的必须留出时间，一直把它作为优先事项，一直让它成为你们交流的内容。"你还需要准备好进行坦率、开放的对话，并有勇气提出建设性的批评意见，有勇气与你的同事意见相左。

其他一些组织正在开展参观活动，让人们体验在那里工作的感觉。最著名的例子就是 Zappos 公司。Zappos 在其位于内华达州拉斯维加斯的办公大楼举办参观活动，向世界展示其文化。

最近，我参观了 Menlo 创新公司位于密歇根州安娜堡的办公室（如图 10-9），在那里待了两天。那里的透明度非常高，你可以在墙上看到所有的待办事项和故事地图，体验到大型的组织级每日站会，每个人都分享他们已经做了什么和将要做什么。我最喜欢的是一面列出了所有人及其职位的墙。每个人都能清楚地看到自己的位置，看到同事中谁能指导自己成长。因为所有的东西都是透明的且相互联系在一起，所以下面照片中的级别展示板对每个人都是可见的，也决定着他们的薪水。展示板的每一列都显示了成熟度级别，每一个方框都创造了学习过程中要经历的步骤。

图 10-9　Menlo 创新公司的办公室

使用透明的薪酬标准来激发在 Menlo 创新公司中的增长机会

乔希·萨特韦尔（Josh Sartwell）和马特·舒兰（Matt Scholand）（Menlo 创新公司）

　　那是一个星期五的晚上，蒂姆（Tim）在去衣帽间的路上顺便在级别展示板前停了一下。过去的一周，他一直与萨姆（Sam）一起工作，他想知道她是什么级别的。他在顾问一栏里寻找她名字的首字母，没找到。随后他查看助理级别，发现她在 3 级，低于顾问级别。蒂姆惊讶地回想着这一周的工作，萨姆在一个困难且高价的项目中咨询客户的决定时表现出的高超技巧令他印象深刻。蒂姆很感激萨姆参与了这些对话。

　　在蒂姆查看级别板时，项目经理凯利走过来，问他在想什么。蒂姆建议说根据自己在过去一周里所看到的萨姆的表现，他认为是时候把萨姆提升到顾问级别了。凯利犹豫了一下，然后问道："你认为，当萨姆面对一项对她来说很新的技术时，她会有什么表现？"蒂姆想了一会儿，意识到自己并不了解。凯利承认，萨姆在许多方面表现出了顾问级别的能力，但是项目经理并不愿意让她参与她不熟悉的技术的项目，因为她没有表现出取得进展和快速掌握新事物的能力。这让凯利和其他项目经理相信萨姆并未达到顾问的级别。

　　接下来的一周，萨姆同意与蒂姆和凯利进行一次简短的反馈会议。蒂姆分享了他对萨姆所做的工作的赞赏，以及他们在一起结对子工作的一周里她所带来的价值。为了认可她的价值，他表达了希望她能得到提升的愿望，但她在陌生技术领域工作的能力阻碍了她。萨姆表示理解并解释说，她对陌生技术感到不适是源于担心让团队失望。他们三人讨论了这个问题，提议项目经理将萨姆和另一名擅长钻研新技术的开发人员卡尔（Carl）结对子，去完成一个需要使用新技术的新项目，让萨姆在卡尔的指导下提升她的技能。

　　如果是在一个每年只有一次讨论成长的机会，且员工是由未与他共事过的人来考核的组织中，萨姆可能不会得到她在职业发展中所需要的即时反馈和支持。如果没有透明的级别和薪酬标准，萨姆的团队就没有机会认识到她的成长潜力。Menlo 的职位和级别展示板所提供的透明度是促进对话的催化剂，而这是帮助员工和业务蓬勃发展所必需的。

试验、检视和调整

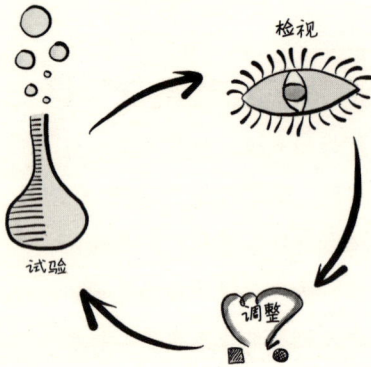

彻底的透明之旅的下一步是进行试验。在每个级别，你都需要保持透明，在早期阶段公开分享试验，并准备好根据反馈进行调整。你既可以将其应用于产品开发，也可以将该流程应用于整个组织。不利的一面是，在你们学会如何协作并确认你们对愿景有共同的理解之前，它会非常低效，并让人倍感受挫。人们常会说这样的话："如果我们能按自己的方式做事就好了""他们不理解这个""我们知道该怎么做，我们为什么要征求反馈意见"，等等。但是，如果你足够强大并且远离快捷的预设解决方案，很快你就会看到更高度的协作、更好的理解和更高程度的和谐等结果，而这些都有助于营造一个高绩效的环境。

定期进行回顾，并使行动步骤保持透明。在内部和外部共享待办事项列表。需要隐藏的信息非常少（如果不是没有的话）。如果你认为自己发现了此类信息，请应用"5 个为什么"① 技术来进行仔细检查，并确保你对需要做什么

---

① "5 个为什么"（Five Why）是一种分析根本原因的方法，你可以通过问 5 次"为什么"来帮助你更好地理解问题。

有一个计划，以便你在将来可以使该信息透明化。

当我们决定采用不同的方式进行绩效考核时，我们不知道它是否会奏效，我也没有备用计划。我想在透明度、同侪反馈和教练的基础上让绩效考核变得简单，尽可能地简化流程。我想停止评估，想帮助人们成长并在组织中找到自己的角色。最初，我们开始进行季度自我评估，紧接着提供教练课程。当我们倾听所有员工的梦想和愿望时，我们得到了很好的反馈，但很快我们意识到这可能太多了。我们开始每季度进行一次同侪反馈，并在每年或有特定需求时进行有关成长的教练对话。

随着每个人都体验过了，以及我们建立了对系统的信任，当人们觉得需要谈论自己的价值或发展时，他们就会进行交流。我们还意识到，季度同侪反馈可能并不适用于所有情况，因此最终我们在一些团队中提高了反馈频率，并允许每个团队根据自己的需求设计自己的流程。我们还开展不定期的教练对话，唯一要确保的是每年至少与员工进行一次关于他们想达到什么目标、想学习什么，以及他们如何看待自己在组织中的角色的对话。根据反馈，整个流程发生了重大改变：某些想法不切实际（例如评估所有技术领域），有些在当时过于激进（例如使同侪反馈完全透明）。我们不寻找固定的流程，我们一步一步地迭代透明度，从反馈中学习，调整，并找到试验方法。调整整个系统的想法在团队中建立了信任，并使团队更容易接纳变化，因为即使某些事情不太理想，但它显然并不是一成不变的。一切都只是一个试验，可以通过反馈循环进行调整。

包容

彻底的透明之旅的最后一个必要步骤是包容。闭门会议之类的事物不应该

存在，会议应该公开可见，并对大众开放邀请，这样人们如果感兴趣并有话要说就可以加入。如果人数很多，引导者可以使用一些分流和合并的引导技术，但不应该为了效率施加任何限制。

The Agile Leader

包容不是要在未取得一致的情况下保持快速，
而是要构建一致性，从而使你能够获得更快的速度。

他们的 ——
答案

The
Agile
Leader

我们文化的转变的一个关键部分是更具创新性和创造力。它并不那么简单，因为我们大多数员工都习惯了按照严格的要求工作。他们认为在一个攸关生命和使命的系统领域工作，在业务中没有给创造力和创新性的空间。要求他们参与创意工作坊，探索社交网络、物联网或自主系统的潜力，对他们来说就像是来自另一个星球的语言。

传统组织里，打造一个新的业务支柱的做法，是用一个独立于组织里其他部门的小型试点团队来运作。我们决定采取不一样的做法：利用系统的力量，使整个新项目具有包容性和自愿性。由于参与方式很不相同，起初很多人持怀疑态度，但到了某个时间点，我们体验到了有趣的转变——很多你从未想到会参与这样一个新方案的人开始提出新的想法，团队在空余时间会尝试新的原型，整个项目被注入新的活力，而这又让最初持怀疑态度的人

回到了团队中。大约一年后，其中的一个创意被卖给了一位新客户。我们使用了新技术，开辟了新的业务领域，并在与研究人员协作中利用了人工智能的经验。通过这次经历，我了解到以志愿为基础的包容性方法在很多情况下都是一种促成因素。让系统去自我组织，让团队自己去找到问题的最佳解决方案。如果解决方案是已知的，那这种方法并不是最高效的，但在应对 VUCA 的挑战方面，它非常有效。

有勇气

达到彻底的透明很难。你首先需要有勇气说出事情的真实状况，不要害怕听到不好的反馈，要相信人们愿意帮助你，并准备好为他人提供帮助，毕竟你们有要达成的相同愿景和相同进化意图。这并不容易，但是一项巨大的投资，当你组建了一个高度自适应（敏捷）的高绩效组织，一个有能力应对复杂世界挑战的组织时，你就会从彻底的透明中获得回报。

敏捷小测试

从以下选项中，选择最能描述你的组织的项目：
在我们的组织中……

人们不需要知道一切；信息流动完全是等级制的。
我们在团队层面是透明的。
我们在组织内部完全透明。
我们愿意在客户和合作伙伴的网络中公开共享信息。
我们对其他组织和世界持开放态度，彻底的透明度是我们最大的竞争优势。

这些选项最开始描述的是透明度非常低的环境，随后描述的是更高的透明度，应用于组织内部更广泛的领域，甚至应用于组织外部。

敏捷笔记   你可以在你的组织中做些什么来提高透明度？

宁可请求别人的原谅，也不要乞求别人的允许

尤尔根·德·斯米特

许多人找我寻求管理方面的支持，询问如何在他们的背景下获得这方面的能力。我能想到的最好办法就是按照原则行事，而不要乞求允许。如果做得对，自然会得到管理层的支持，让事情向前发展。当我和一群家乡的朋友在酒吧里谈到这个话题时，一个老乡挑战我，让我加入他的公司，他说他会让我看到我的说法就是胡扯。他安排了一些预算，让我与他以及他的团队成员一起工作。在这样的背景下，我们几乎没被赋予进行真正的变革的权力，而许多人都认为一个人只能

在授权允许的范围内做事。我做的第一件事，是让 6 个团队同步它们的冲刺计划和冲刺评审会，我在同一个房间里引导和组织所有的相关人员。是的，各个团队都有自己的产品负责人（团队产出结果负责人）和产品待办事项列表（团队待办事项列表），而团队之间并不知道，但这对我来说并不重要。我认为他们是在同一个产品上工作，通过在一起开冲刺计划会和冲刺评审会，团队成员开始注意到他们实际上在为同一个产品工作（我增加了透明度，团队进行了检视和调整）。在冲刺计划会和冲刺评审会中，团队围绕"为什么我们不是一个团队"的主题进行了冲刺回顾。他们向研发总监（有授权的人）提出论据，要求改变他们的团队结构，要求只在一个产品负责人和一个产品待办事项列表下工作，就像一个团队一样。与此同时，我联系了产品管理的负责人，探讨了他遇到的问题，并帮助他看到了单个的、基于成果的跨团队产品待办事项列表的好处。于是，研发总监接到了产品管理部门关于重新设计他们的结构的要求，重新设计的方式类似于团队所提出的要求。当要求同时来自他自己的团队和业务时，没有哪个主管或经理会拒绝采取行动。今天，我的老乡朋友不再说我的故事是在胡扯了，而开始讲述他自己的这一故事。

关键是要有勇气在原则的范围内开展工作，并在组织范围内提高透明度和觉察，其余的自然会跟随！宁可请求别人的原谅，也不要乞求别人的允许。

增强信任

帕特里克·兰西奥尼认为信任是团队运作良好的关键前提。如果人们不愿意在彼此面前表现出脆弱，缺乏信任的情况就会发生；他们往往害怕寻求帮助，他们隐瞒自己的错误，他们不愿给出建设性的反馈。这是一场灾难，因为没有信任，人们不可能在任何事情上进行协作并保持敏捷。

人们通常从可预测性的角度来考虑信任。如果你能期望一个人做出某种行为，你就相信他或她下次会做得同样好。但这只是走向完全信任的第一步。正如兰西奥尼在他的著作《团队协作的五大障碍》(*The Five Dysfuncions of a team*) 中所说，基于脆弱性的信任会带来更深层次的信心："在建立一个团队的大背景下，信任乃是团队成员之间认为同伴的意图是好的这样的信心，在团队中没有理由小心翼翼、自我保护。从本质上讲，队友们必须适应彼此的脆弱。"

基于脆弱性的信任是高绩效团队的先决条件。具有高度信任的环境会毫不费力地接纳敏捷。让我们来看看建立信任的几个技巧。

团队建设

团队建设是最有影响力的建立信任的方式。当人们利用业余时间聚在一起，不仅谈论工作，也谈论生活、爱好、想法和热情所在时，他们就建立了密切的人际关系。你们可以下班后去喝杯啤酒，打场保龄球，一起玩密室逃脱，一起去旅行探险，或者只是一起吃午餐、喝咖啡，同时聊一些与工作无关的话题。有些团队会玩这样一种游戏——"告诉我一些关于你的人们不知道但不是秘密的事情"，你会惊奇地发现，即使是共事多年的人，身上也有许多你不了解的有趣故事。

他们的答案

The Agile Leader

前段时间，我遇到了一个不正常的团队。团队成员失去了动力，感到沮丧；整个环境充满了指责和鄙视——气氛如此强烈，以至于你从空气中都能感觉到。然而，他们处于无法看清现实的状态，假装一切都很好。我同意与他们开办一次简短的工作坊，看看我能做些什么来帮助他们。在简短的回顾中，通过使用帕特里克·兰西奥尼的"团队协作五大障碍"的观念，他们反思了团队当前的状态，并看到它实际上是非常不健康的，这令他们恍然大悟。在经历了最初的犹豫之后，在我告诉他们没有人能帮他们解决问题，他们需要为自己的环境和人际关系负责时，他们开始想办法。对话变得非常开放，但也出人意料地有建设性。我们讨论了建立信任、积极性的影响，以及加强关系的必要性。

第二天，在团队中感觉最受挫的一个人回来了，提出要组织一些团队建设活动。他说他已经与几个同事谈过了，他们表示愿意试试，然后他邀请我加入。他认为我们应该从欣赏循环开始，以提高积极性。下个周五，我们去了当地的酒吧，在喝啤酒之前，我们进行了欣赏循环。每个人都从碗里抽出一个名字，然后对被抽到的人表示赞赏。如果抽到自己的名字，就得换一张。规则简单易行，一切都进展得很顺利。喝杯啤酒、花点时间一起聊聊这样简单的事，居然能带来如此大的影响，真是令人惊讶。在那之后，我们进行了几次回顾，他们很快就成为一个运作良好的协作团队。

个人地图

另一个促进相互了解的有趣方法是画一张个人地图，即画一张你自己的思维导图，你的名字放在中间，然后加上一些关于你的不同类别，比如教育、工作、爱好、家庭和朋友等。你可以添加图片让它更有趣。你对自己思考得越多，你就对你所做的决定和塑造你的事件有更多的自我觉察，并帮助别人看到这一点。领导者需要拥有高情商和社交智慧，才能把团队看作一个整体并信任它，所以个人地图是一个很好的起点。

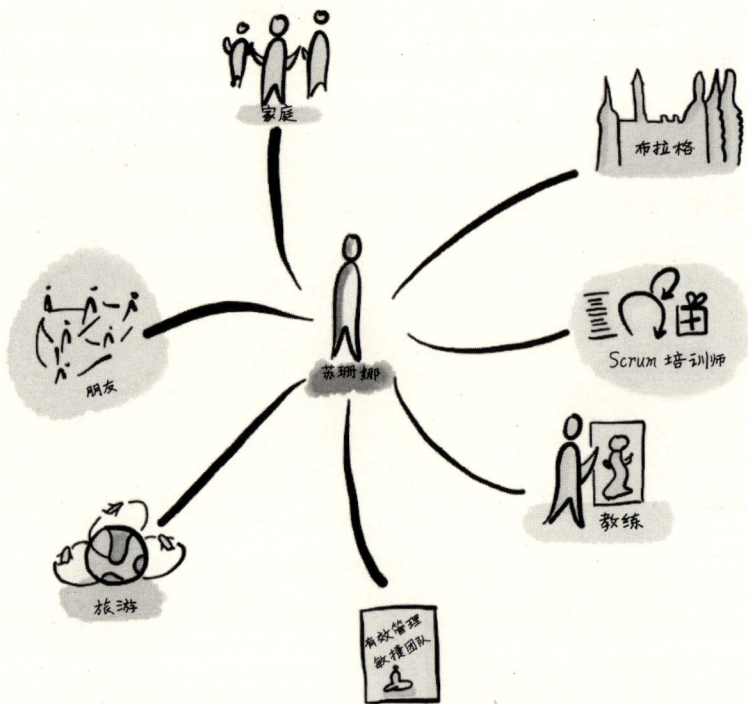

你是如何生活的

迈克尔·K. 萨霍塔（Michael K. Sahota）（认证企业教练和认证敏捷领导力讲师）

成为一名卓有成效的敏捷领导者的关键，是拥有健康的人际关系。强大的领导者会关注自己与其他人之间关系的质量，以及自己在这些关系中如何表现。

当我经历了人生中一个充满挑战的时期后，我的领导力发生了关键性的变化。当时我在读布琳·布朗（Brené Brown）的《我以为那就是我》（*I Thaght It Was Me*）这本书，其中有一句话深深地吸引了我：

只有善待你自己，你才能善待他人。

　　这句话给我的生活敲响了警钟。我开始意识到我的"内在批评"，以及伴随我的完美主义性格而来的自我评判的谈话轨迹。我想着这句话，不禁想知道："我对我的孩子有多好？对我生命中的其他人有多好？"在那一刻，我给自己定了一个目标——要善待自己和他人。可是该怎样做呢？我在脑海中创造了一款模拟游戏——"一次善待自己的史诗级探索"。在接下来的两年里，我开始了一段人生旅程，在追求善待自己的过程中我"升级"了自己。我做了一个又一个试验，尝试了任何可能支持我这段旅程的东西。我找到了"奇怪但好用的东西"。我从冥想和体验式工作坊开始。然后，我去了印度，深深投入到个人成长的研究之中，在那里，清空头脑的强烈心理过程引发了我意识的永久转变。这成为让我的思想安静下来，在生活的压力中找到平静和安宁的途径。这打开了我与自我和他人的联系。

　　当我回顾我的职业生涯时，我可以看到这段旅程对于塑造我现在所拥有的激励和影响他人的能力是多么的重要。

　　找到你自己的自我发现之路是很重要的。

　　我想邀请你思考一下："你对自己有多好？"也许你还可以设定一个意向去开始你自己的史诗级探索，以创造一个强大的内在转变，它不仅将解放你自己，也将会解放你所有的关系。

　　你可以画出你自己的旅程，将重要的事件可视化，画在你的旅程图上。其中一些被评价为正向的事件，你把它们放在更接近笑脸的位置。另外一些你觉得不那么正向的事件，就把它们放在哭脸的位置。在这两种情形下，可视化能使内容更易于与他人分享，而画画则使内容更有趣。总的来说，它提升了积极性，而人们在积极的环境中会变得更加开放。

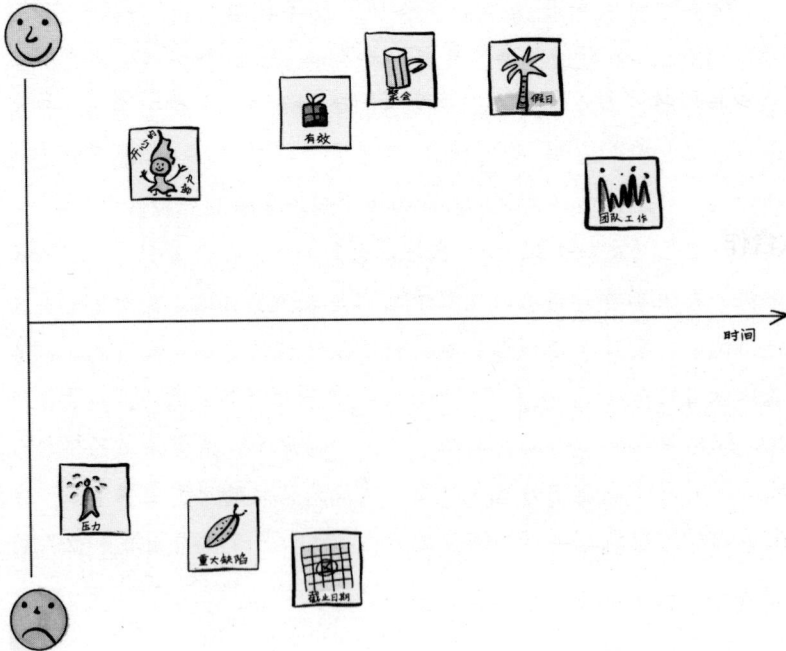

评估

如果你希望应用一种更结构化的方法来建立信任，你可以采用表组评估，它基于团队协作功能障碍模型，用一个非常简单的图表向你展示你们团队的健康程度，并介绍改进步骤。对于信任缺失，表组建议你可以考虑一个额外的步骤：使用性格评估（如 MBTI、DiSC 等）来帮助团队成员了解彼此的不同偏好、模式和态度。了解每个人的个性有助于团队成员不带偏见，并利用团队多样化的方法和视角。另外，第二项团队协作功能障碍——惧怕冲突，即制造人为的和谐，通常是

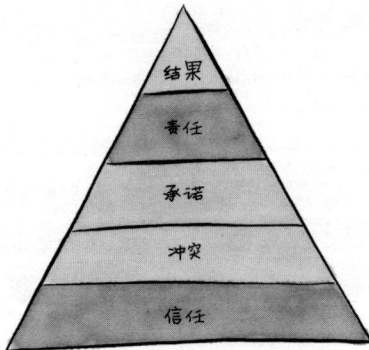

源于缺乏信任。处理这个级别的问题，你可以使用另一种人格测评——TKI 来帮助人们理解如何一起来处理冲突。这一理解，加上创建团队协议，以及承认冲突"没有好坏之分，它只是反映系统的声音（如第 5 章所述）"，将培养起信任。

团队合作

对致力于转变为敏捷领导者的传统管理者而言，最复杂的改变是学会与团队而不是与个体打交道。你的领导能力的一个重要部分是协作。归根结底，在敏捷组织中，由于架构是扁平的，每个人既是某个团队的成员，又很可能是某个社区的成员。这让事情变得更容易，因为每个人都拥有自组织团队和自发式领导力的经验。

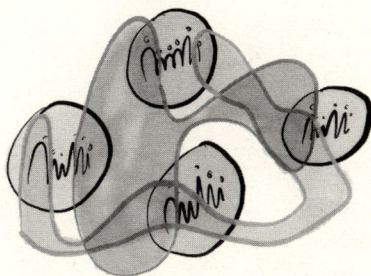

如果你还没有达到这个地步，那么启动社区或虚拟团队的计划，体验自发式领导力是很好的第一步。而且，即使是在非常传统的部门和管理者的架构下，你仍可以把管理者看作是一个团队。组织级敏捷一开始就将管理者们分成两个团队，一个团队由他们下级的管理者组成，另一个由他们同级别的管理者组成。虽然对他们中的大多数人来说，他们负责的团队感觉更亲密也更重要，但相反的情形需要发生：他们需要与平级的关系更紧密，而不是与下属的关系更紧密。他们需要停止争夺权力和影响力，需要走向协作以实现他们共同的目标。只有这样，他们才能做到让步，成为教练和引导者而不是决策者，向成为敏捷领导者迈进。所有团队得以存在的先决条件，是它们有一个源自组织意图的目标。没有团队精神，就没有敏捷。每一次敏捷之旅都应该从定义战略目标并围绕这些目标组建团队开始。

他们的 ——
答案

The
Agile
Leader

我所见过的从传统架构转变为团队导向架构的最有趣的转变，不是发生在开发团队层面，而是发生在高管团队身上。最初，它只是一个由个体组成的较大群体，大家为权力、人员规模和更好的工作空间而争斗不休，在任何场合都互相指责，只关注局部优化而不关注共同目标。例如：IT 总监拒绝在新员工入职之前订购电脑；测试总监总是让他的手下忙于正在进行的项目，以至于无法帮助跨职能团队；运营总监则试图为他的助理优化流程，即使这意味着其他员工要多花几百个小时工作……公司里任何人提出挑战现状的创新想法，都几乎不可能被实现。

当我们把组织架构调整为扁平化的敏捷架构后，我们也把高管团队缩小到 4 名总监，并打造了良好的团队精神，投入到信任和开放的沟通中。我们对创意和创新的想法做出反应的速度之快令人惊讶，我们能够开展试验，尝试不同的想法，并互相支持。这项改革很有趣，很有活力，最重要的是，它很有效且带来了业务成果。

构建社区

敏捷组织的基础是自组织。虽然团队架构使组织架构图变得不那么重要，但社区接管并推动了许多在传统世界中由中心驱动的项目。社区是自由、包容、以志愿者为基础的实体，有着要实现的共同目标。一旦目标实现，社区可以解散，也可以继续朝向另一个目标工作。

组织通常有不同的实践社区 [①]——敏捷社区、专注于更好的开发实践的社区、专注于提高质量的社区、专注于良好设计的社区、专注于改进体系结构的社区、面向客户群体的社区等。任何人都可以创建社区。因为一切都是透明的，组织的其他成员会审查该社区，如果没有人加入，就表明该主题不够有趣，其他人不愿意在上面花时间。如果人们感兴趣，并愿意投入固定的时间来聚会和为该任务工作，则表明它对组织很重要。

如今，社区也可以通过即时聊天工具 Slack 或社交媒体等活跃在互联网上，特别是当你创建了一个超越组织边界的社区。敏捷组织是建立在社区的热情和活力之上的。社区与其他社区分享自己的工作方式，在更广泛的网络中与外部伙伴合作，有时它们甚至通过志愿者工作来完成大部分业务，你不必依赖传统的员工。现代组织构建了支持团队的网络，这些团队围绕着相同的意图保持一致。拥有固定员工的传统组织只是工作的一种方式。在某些情况下，让社区参与是实现共同愿景的更有效的方式。

领导者寻求帮助

埃文·利伯恩（Evan Leybourn，业务敏捷学院创始人）

我从未打算创建一个社区或研究组织。它从来都不是我职业路线的一部分，也不是我培训的目的。然而，当机会来临时，我别无选

---

① 实践社区是由一群专业人士组成的群体，他们在解决问题、提高技能和互相学习经验方面有着相同的兴趣。

择。因此，我要问自己的第一个问题是：担任这一角色的领导者，需要具备什么条件？

没人能替我回答这个问题。同样，也没人能替你回答这个问题。虽然有很多建议，有很多可以效仿的榜样，但在"你是什么样的"与"你需要成为什么样的"这二者之间的差异，只有你自己清楚。我不得不诚实地面对自己的弱点——那些技能限制和认知偏差，这些弱点很容易在业务敏捷学院得以成长之前就摧毁它。在我的案例中，我需要抛开自我和傲慢，去寻求很多帮助。

我意识到，我需要的不仅仅是员工，我需要思想领袖、专家和专门人才加入我们，需要像我这样可以抛开小我、分享见解和经验的人，不是为了钱或自我推销，而是为了一个共同的愿景的人。

第一部分（可能也是最难的部分），是传达愿景。无论你在哪个组织中，这都是至为重要的。你们为什么存在？你们如何让未来变得更美好？为什么其他人需要关心这些？这是许多组织难以解决的终极问题。它们花了太多时间向内看，以至于认为每个人都是用同样的方式看世界的。我们需要清楚地阐明为什么我们的愿景是重要的——不仅对我们重要，对你们也同样重要。

但是没有行动的愿景是毫无价值的。我们需要有人加入。这对我个人来说是最重要的一课。只要不是交易，人们都愿意帮忙。人们天生好奇，乐于分享，乐于给予，但我们必须让他们很容易就能加入我们。我们与他们之间的每一步都是障碍，所以我们要让每件事都变得尽可能地清楚。我们使创建一个本地社区变得容易，我们向所有人开放图书馆，我们为我们的研究设计了明确的方法，以便让志愿者们明白所要投入的时间和精力。

而这个本地社区比我想象的更成功。今天，我们有 150 多名志愿者。他们运作我们当地的业务敏捷聚会，组织全球会议，撰写案例研究和参考文献，管理业务敏捷图书馆，并对未来的业务进行前瞻性研究。

成为敏捷领导者
The Agile Leader

- 信任是团队运作良好的前题。

- 彻底的透明是敏捷的关键促成因素。

- 敏捷组织是建立在社区的热情和活力之上的。

- 现代组织构建了围绕相同的意图保持一致的支持团队网络。

敏捷的未来

当我开始写这本书的时候，我有一个想法：我可以把所有的概念放在一张总结示意图上。可视化是获得理解的关键，它以一种不同于阅读或倾听的方式刺激我们的大脑。

所以，我创建了这张示意图，将核心概念可视化在一张图上。你可能需要花些时间来查看和分析它，以便可以建立关联并思考其在你所处环境中的含义。

各种实践、概念和模型都有非常适合示意图，并帮助你的组织在 VUCA 世界中取得成功的地方和时间。在其他不适合的情况下，敏捷的概念可能无法给组织带来任何好处。例如：想一步从红色组织转变成蓝绿色组织，可能步子就太大了，会造成混乱；当大多数人还处在"我的生活糟透了"部落时，想要选择依靠自发式领导力和内在动机的蓝绿色或绿色组织可能就太难了，最终会导致失败；当大多数领导者都是专家或成就者时，在组织层面实施敏捷可能也不会很顺利。在你的敏捷之旅中，架构、领导力和思维模式需要协调一致，齐头并进。

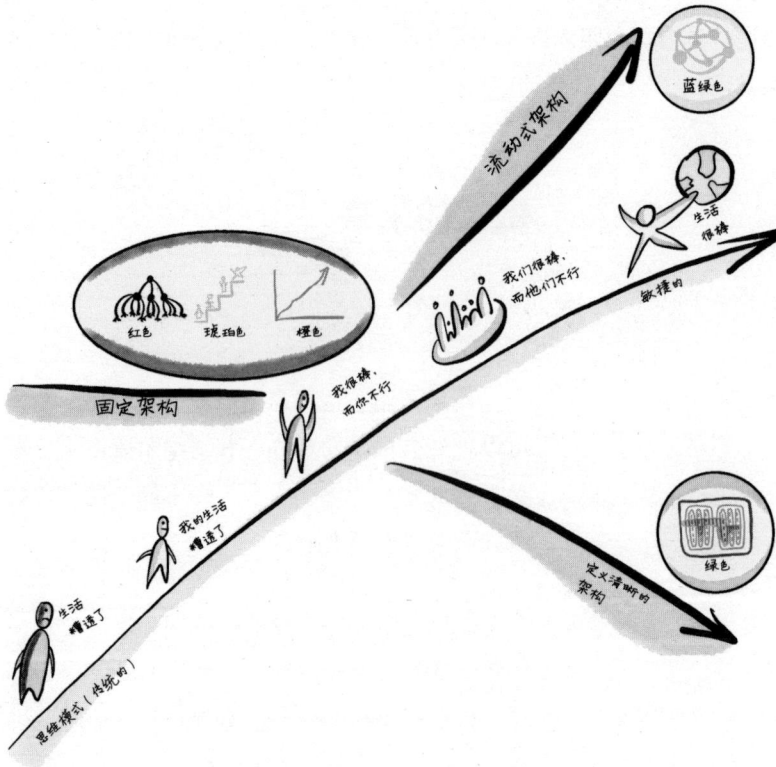

组织的视角

敏捷将关注点从个体转向了团队，将文化从相互竞争的价值观框架中的控制和竞争象限转向了协作和创造象限。可能在你决定采用敏捷的第一天，你看不到这一点，但协作、人员和创造力是推动领导力转变的因素。相互竞争的价值观框架不会告诉你，对于你的组织哪种文化是对的，哪种是错的。最终，谁知道什么是对，什么是错呢？

为了让连接更进一步，下面介绍"重塑组织"所定义的颜色模型与相互竞争的价值观框架如何匹配。红色和琥珀色组织的重心位于控制和竞争半球的深处，而绿色和蓝绿色组织则位于协作和创造半球的更高层次。橙色组织则位于中间某处。

文化不能与激发了行为和价值观的架构或实践脱节。因此，你的敏捷之旅总是从认识到组织当前所处的位置开始的，接下来则是对所期望达到的状态的阐述，你所期望达到的状态以一个清晰而强烈的愿景为支撑，该愿景表明了你想要去到哪里以及为什么这对你那么重要。当组织有一个好的进化意图，并且这个梦想在组织层面上足够吸引人时，人们就会去追求它，并由内而外发起文化转变。

在敏捷组织中经常使用的大多数实践——同侪反馈、客户协作、滚动预算、灵活范围、团队面试、扁平架构、自组织的跨职能团队、无职位、自发式领导力等，都在协作之中，并构成了相互竞争的价值观框架地图的一部分。与之相对，大多数传统的实践都发生在控制和竞争之中：个人关键绩效指标、绩效考核、职位权力、固定时间和范围的合同、年度预算、明确的职业道路、详细的职位描述和筒仓组成的团队等。请记住，没有正确的实践组合，它们都是由所期望的文化变革所驱动的。

**他们的 ——
答案**

The
Agile
Leader

我给你举一个简短的例子，来说明当我们决定将文化转变为更具协作性和创造性时，我们是如何改变我们的实践的。这一切都是从建立真正的跨职能团队开始的。我们已经在组织中的一部分里实践了跨职能团队，但从来没有把它当作一个关键原则。有些团队更像是一群独立个体的集合，有些则被职能筒仓或局部的焦点所限制，所以对组织的大部分来说，跨职能团队的想法是相当激进的。阻碍我们的是职能部门，因此，正如你从引言中所知道的，我们决定将软件测试人员、软件开发人员和硬件设计人员合并到一个叫作工程的部门中，这是一个多角色部门，人们可以跨领域进行协作。为了使角色的影响最小化，我们将职位设置为更通用的职位，比如工程师职位，而不是软件开发人员或测试人员。有了这样一个部门，我们便拥有了相当扁平的架构，取代了层级架构。在这一架构中，我们不仅在单个团队层面依靠团队和团队的自组织，而且在跨团队协作方面也是如此。

　　对于一些之前曾经有团队负责人的组织来说，这种转变是很具有挑战的，因为团队成员起初缺乏动力且不愿意承担责任，他们不信任新的工作方式。大多数之前的团队负责人都感觉受到了变化带来的威胁，表现出了各种抵制的症状，所以需要花很多精力来解释组织的整体愿景需求，并对他们进行教练以帮助他们找到自己的新角色。最终，他们中的大多数人都成了专家，运营着我们的某个社区（自动化测试、工具、架构、Java 等）。

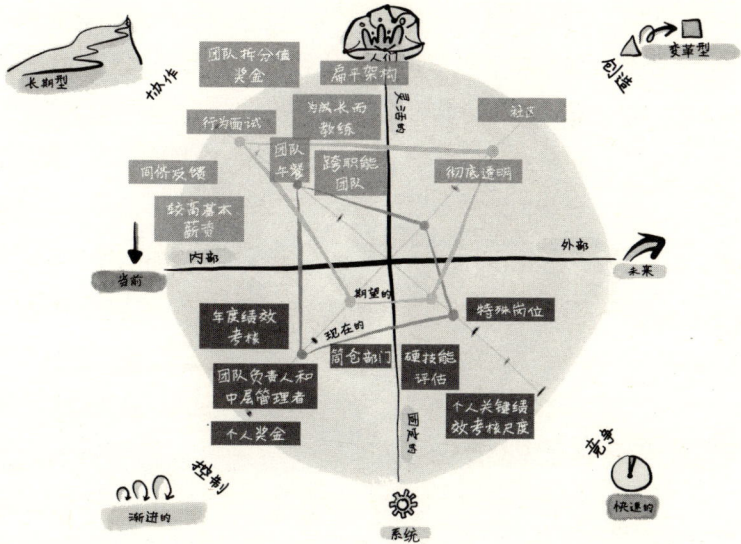

　　教练是我们取得成功的一个关键方面，因为我们还取消了所有传统的个人关键指标和绩效考核，它们在我们的动态环境中已经不起作用了。我们重新设计了薪酬结构，设置更高的基本薪资，在大多数情况下没有可变的部分。我们还建立了基于彻底的透明度、同侪反馈和成长教练的整体绩效考核。我们鼓励人们以团队的形式工作。在前几个季度，我们还为此提供了一笔小额奖金。我们的整体愿景是，我们需要跨团队进行协作，以帮助组织取得成功——我们不互相争斗，不互相竞争，我们跨团队和产品地进行协作，为了让1加1大于2。招聘是紧随着文化的转变的。我们没有采用注重技术能力的多轮正式面试流程，而是进行了一次行为面试，试图让候选人有机会体验我们的文化，加入我们的团队共进午餐，看看双方是否合适。

这是一场旅行，它需要时间，并非所有事情都一帆风顺，这听起来令人沮丧和疲惫。尽管如此，如果我处于同样的情况下，我还是会做同样的事情——不是因为组织在商业上变得更加成功，而是因为整个文化转变在人们身上产生的能量。热情，是由"我们是谁"而产生的骄傲动力。我们真正地活在"我们很棒"的心态中，并朝着"生活真棒"的方向迈进。我们塑造了一个介于绿色组织和蓝绿色组织之间的组织。我们没有遵循任何框架或模型。我们是完全受价值和文化驱动的，而这种改变值得去承受一切麻烦。

敏捷领导者的视角

敏捷领导者是组织在敏捷之旅中的向导。从元技能的角度来看，你需要耐心，因为这样的改变需要时间。即使你目前的状态离你对组织的梦想和渴望还很远，你仍需要在实践方面先行一步，而且不要给变革施加太大的推动力。

The Agile Leader

不要强行推动改变，而是让它自行成长。

　　"让它自行成长"，这种方法说起来容易做起来难：你需要成为一名优秀的仆人型领导者，拥有催化者的心态，并运用领导者—领导者的方法来发展"我们"文化。每一天，你都将在敏捷领导者的胜任力上得到提高：练习教练和引导，协作，并训练你的大脑去更好地使用不同的元技能，比如耐心、好奇心、开放、勇气和对系统的信任。

他们的答案
The Agile Leader

　　这花费了我一段时间，我仍然在成为一个更好的敏捷领导者的路上。我比以前更有耐心了吗？是的。我能更容易地抛开自己的想法，帮助别人提出他们的想法吗？当然。从系统的角度看待组织的能力让我大开眼界。要相信系统，让它顺其自然。你需要按照敏捷领导力模型来生活，它并不像看起来那么简单。我自己需要克服我的旧有习惯，获得新的技能。但这是一段旅程，每一步都让我成为更好的领导者，更接近催化者，更接近更好的教练，去创造一种让人们能够协作而不是相互竞争的文化和环境，从而发挥创造力和他们的最大所能。

　　组织需要在系统教练、大型群体引导技术和敏捷领导力发展等方面进行投资。业务敏捷不仅仅关乎应用某种框架，它是组织的价值观和文化的彻底转变，而这种改变总是需要从内向外进行。如果你只是委托或告诉别人去改变，你永远不会成功。领导者需要先行改变，组织才会跟随。

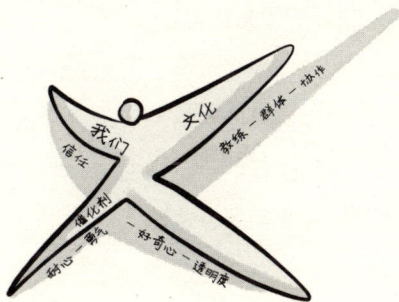

在 VUCA 世界里，敏捷领导者是组织敏捷取得成功的关键因素。

最后，拥有足够数量的敏捷领导者是组织在 VUCA 世界里成功的关键因素。在你的敏捷之旅中，支持敏捷领导力并培养敏捷领导者是最重要的任务之一。付出的努力会比你预期的更快得到回报。敏捷是一段旅程：它永远不会完成，也永远不会完美，但总是激动人心。

敏捷问卷

你如何评价你所在环境中以下方面的水平？范围从 1 分到 10 分，1 分为最低分，10 分为满分。

	1 ——————— 10
敏捷领导力	
自主性	
创造性	
参与度	
自发式领导力	
试验	
趣味性	
意图驱动	
团队精神	
透明度	
信任	

> **敏捷笔记**　成为一名敏捷领导者并不难，你只需要开始去做，选择一些你可以做的事情去改善你的环境。

下一步是什么

　　成为一名敏捷领导者是一段持续教育、发展和学习的永无止境的旅程。它永远不会完成，也永远不会完美。概念、模型和实践的多样性是无止境的，所以你不会缺乏灵感。我希望你喜欢这份敏捷领导力的品尝菜单。没有放之四海而皆准的方法，现在你可以开始构建对你自己有效的工具和技能集合了。你的领导风格必须适合你独特的个性、环境和限制。我希望本书已经帮助你找到了能在你的个人旅程中支持你的一些想法。

　　有些人可能会问："我知道你这一路上分享了所有的技巧，并且推荐了相关的阅读书目，你还有什么其他可以推荐的吗？"对此，我想总会有更多的。以下是对你下一步发展领导力的一些途径：

- 认证敏捷领导力 CAL：敏捷领域独一无二的领导力发展项目。我是 Scrum 联盟 CAL 的教育者之一，本书是我在认证敏捷领导力项目上的经验汇聚，并且通过实践经验深化了本书所描述的概念。该项目从一次课程开始，然后是为期 7 个月的虚拟 CAL Ⅱ 项目。

- 组织关系系统教练 ORSC：用于团队和组织层面的系统教练。
- 领导力概述环：为了更好地理解你的被动反应和创造力的网站。
- 领导力天赋：让你作为领导者成长得更快。
- 表组：用于投资团队的健康。
- 业务敏捷学院：来自那些在整个组织层面采用了敏捷的组织的故事和案例研究。

你可以从世界级的敏捷变革专家那里得到帮助。任何来自 Scrum 联盟的认证敏捷教练和培训师，如认证 Scrum 培训师 (CST)、认证企业教练 (CEC)、认证团队教练 (CTC) 等，都将成为你敏捷之旅的优秀向导。

成为敏捷领导者
The Agile Leader

- 成为一名敏捷领导者与职位权力无关，而与你运用影响力的能力有关。

- 敏捷领导者是组织在其敏捷之旅上的向导。

- 在系统教练、大型群体引导技术和敏捷领导力发展等方面进行投资。

- 敏捷是一种持续改进的心态，目的是释放系统的创造力。

- 每一种实践、概念和模型都有其适用的地点和时间，在此范围内可以帮助你的组织取得成功。

- 更具协作性和创造性的文化也更具适应性和灵活性，因此更能够应对 VUCA 世界的挑战。

- 领导者需要先行改变，组织才会跟随。

第 1 章

- *The Age of Agile: How Smart Companies Are Transforming the Way Work Gets Done*, Stephen Denning (New York: AMACOM, 2018).
- *Managing for Happiness: Games, Tools, and Practices to Motivate Any Team*, Jurgen Appelo (New York: Wiley, 2016).
- *Scrum: The Art of Doing Twice the Work in Half the Time*, Jeff Sutherland and J. J. Sutherland (London: Random House, 2014).
- *Scrum: A Practical Guide to the Most Popular Agile Process*, Kenneth S. Rubin (Upper Saddle River, NJ: Addison-Wesley, 2017)

第 2 章

- *The Leader's Guide to Radical Management: Reinventing the Workplace for the 21st Century*, Stephen Denning (San Francisco: Jossey-Bass, 2010).

- *Accelerate: Building Strategic Agility for a Faster-Moving World*, John P. Kotter (Boston: Harvard Business Review Press, 2014).

第 3 章

- *The Motive: Why So Many Leaders Abdicate Their Most Important Responsibilities*, Patrick Lencioni (Hoboken, NJ: Wiley, 2020).
- *Leadership Agility: Five Levels of Mastery for Anticipating and Initiating Change*, Bill Joiner, Stephen Josephs (San Francisco: Jossey-Bass, 2007).
- *Turn the Ship Around!: A True Story of Turning Followers into Leaders*, David Marquet (New York: Portfolio/ Penguin, 2013).

第 4 章

- *The Responsibility Process: Unlocking Your Natural Ability to Live and Lead with Power*, Christopher Avery (Pflugerville, TX : Partnerwerks, 2016).
- *Mastering Leadership: An Integrated Framework for Breakthrough Performance and Extraordinary Business Result*, Robert J. Anderson and William A. Adams (Hoboken, NJ: Wiley, 2015).

第 5 章

- *Fearless Change: Patterns for Introducing New Ideas*, Mary Lynn Manns and Linda Rising (Boston: Addison-Wesley, 2005).
- *7 Rules for Positive, Productive Change: Micro Shifts, Macro Results*, Esther Derby (Oakland, CA: Berrett-Koehler Publishers, 2019).
- *Leading Change: An Action Plan from The World's Foremost Expert on Business Leadership*, John Kotter (Boston: Harvard Business School Press, 1996).

第 6 章

- *Creating Intelligent Teams: Leading with Relationship Systems Intelligence,* Anne Rød and Marita Fridjhon (Randburg, South Africa: KR Publishing, 2016).

第 7 章

- *Tribal Leadership: Leveraging Natural Groups to Build a Thriving Organization,* Dave Logan, John King, and Halee Fischer-Wright (New York: Harper Business, 2011).
- *Reinventing Organizations: A Guide to Creating Organizations Inspired by the Next Stage of Human Consciousness*, Frédéric Laloux (Brussels, Belgium: Nelson Parker, 2014).
- *The Advantage: Why Organizational Health Trumps Everything Else in Business*, Patrick Lencioni (San Francisco: Jossey-Bass, 2012).
- *Company-wide Agility with Beyond Budgeting, Open Space & Sociocracy, Survive & Thrive on Disruption*, Jutta Eckstein and John Buck (Braunschweig, Germany: Verlag nicht ermittelbar, 2018).
- *Organize for Complexity: How to Get Life Back into Work to Build the High-Performance Organization*, Niels Pflaeging (New York: BetaCodex Publishing, 2014).

第 8 章

- *Evolvagility: Growing an Agile Leadership Culture from the Inside Out*, Michael Hamman (Lopez Island, WA: Agile Leadership Institute, 2019).
- *Outcomes over Output: Why Customer Behavior Is the Key Metric for Business Success*, Joshua Seiden (Brooklyn, NY: Sense & Respond Press, 2019).

第 9 章

- *Agile People: A Radical Approach for HR & Managers (That Leads to Motivated Employees)*, Pia-Maria Thoren (Austin, TX: Lioncrest, 2017).
- *Implementing Beyond Budgeting: Unlocking the Performance Potential*, Bjarte Bogsnes (Hoboken, NJ: Wiley, 2016).

第 10 章

- *The Five Dysfunctions of a Team: A Leadership Fable*, Patrick Lencionis (Luzern, Switzerland: GetAbstract, 2017).
- *The OpenSpace Agility Handbook: The User's Guide*, Daniel Mezick, Mark Sheffield, Deborah Pontes, Harold Shinsato, Louise Kold-Taylor (New Technology Solutions, 2015).

未来，属于终身学习者

我们正在亲历前所未有的变革——互联网改变了信息传递的方式，指数级技术快速发展并颠覆商业世界，人工智能正在侵占越来越多的人类领地。

面对这些变化，我们需要问自己：未来需要什么样的人才？

答案是，成为终身学习者。终身学习意味着具备全面的知识结构、强大的逻辑思考能力和敏锐的感知力。这是一套能够在不断变化中随时重建、更新认知体系的能力。阅读，无疑是帮助我们整合这些能力的最佳途径。

在充满不确定性的时代，答案并不总是简单地出现在书本之中。"读万卷书"不仅要亲自阅读、广泛阅读，也需要我们深入探索好书的内部世界，让知识不再局限于书本之中。

湛庐阅读 App: 与最聪明的人共同进化

我们现在推出全新的湛庐阅读 App，它将成为您在书本之外，践行终身学习的场所。

- 不用考虑"读什么"。这里汇集了湛庐所有纸质书、电子书、有声书和各种阅读服务。

- 可以学习"怎么读"。我们提供包括课程、精读班和讲书在内的全方位阅读解决方案。

- 谁来领读？您能最先了解到作者、译者、专家等大咖的前沿洞见，他们是高质量思想的源泉。

- 与谁共读？您将加入优秀的读者和终身学习者的行列，他们对阅读和学习具有持久的热情和源源不断的动力。

在湛庐阅读 App 首页，编辑为您精选了经典书目和优质音视频内容，每天早、中、晚更新，满足您不间断的阅读需求。

【特别专题】【主题书单】【人物特写】等原创专栏，提供专业、深度的解读和选书参考，回应社会议题，是您了解湛庐近千位重要作者思想的独家渠道。

在每本图书的详情页，您将通过深度导读栏目【专家视点】【深度访谈】和【书评】读懂、读透一本好书。

通过这个不设限的学习平台，您在任何时间、任何地点都能获得有价值的思想，并通过阅读实现终身学习。我们邀您共建一个与最聪明的人共同进化的社区，使其成为先进思想交汇的聚集地，这正是我们的使命和价值所在。

CHEERS

湛庐阅读 App
使用指南

读什么

· 纸质书
· 电子书
· 有声书

怎么读

· 课程
· 精读班
· 讲书
· 测一测
· 参考文献
· 图片资料

与谁共读

· 主题书单
· 特别专题
· 人物特写
· 日更专栏
· 编辑推荐

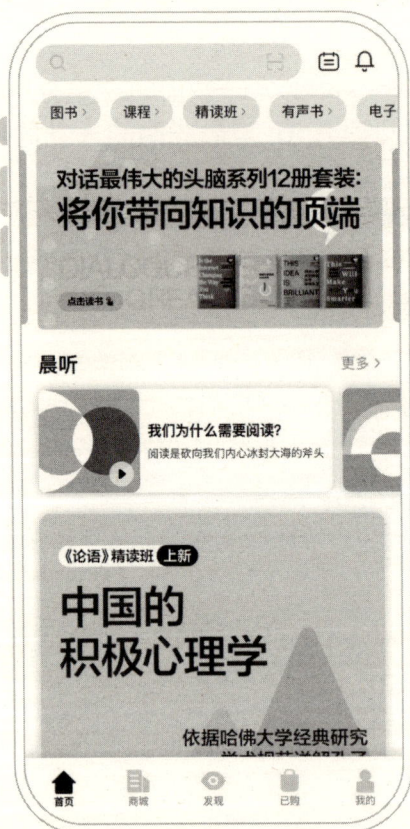

谁来领读

· 专家视点
· 深度访谈
· 书评
· 精彩视频

HERE COMES EVERYBODY

下载湛庐阅读 App
一站获取阅读服务

图书在版编目（CIP）数据

敏捷领导者 / （捷克）苏珊娜·索克沃娃著 ；黄灵，古月译. -- 杭州：浙江教育出版社，2023.7
书名原文：The Agile Leader
ISBN 978-7-5722-5995-1

Ⅰ. ①敏… Ⅱ. ①苏… ②黄… ③古… Ⅲ. ①企业管理—组织管理学 Ⅳ. ①F272.9

中国国家版本馆CIP数据核字(2023)第110865号

浙江省版权局
著作权合同登记号
图字:11-2023-240号

上架指导：个人发展 / 企业管理

敏捷领导者
MINJIE LINGDAOZHE

［捷克］苏珊娜·索克沃娃（Zuzana Šochová） 著

黄灵　古月　译

责任编辑：胡凯莉

美术编辑：韩　波

责任校对：刘姗姗

责任印务：陈　沁

封面设计：ablackcover.com

出版发行：浙江教育出版社（杭州市天目山路 40 号　电话：0571-85170300-80928）

印　　刷：唐山富达印务有限公司

开　　本：720mm ×965mm 1/16

印　　张：19.25

版　　次：2023 年 7 月第 1 版

书　　号：ISBN 978-7-5722-5995-1

插　　页：1

字　　数：293 千字

印　　次：2023 年 7 月第 1 次印刷

定　　价：109.90 元